85歳、現役・投資家の

85 Years Old, Active and Investor

お金の哲学

Philosophy of Money

石井勝利

KATSUTOSHI ISHII

SB Creative

はじめに

「お金の哲学」なんていうと、「なんの哲学？」「難しそうだな」「縁がない」という感想を持つかもしれません。

でも、あなたの一生が「幸せ」「充実」「満足」であるためには、これを知らなければなりません。

「幸せになりたい」気持ちを持たない人は皆無だと思います。

でも、その「基本の考え方」「方法」「スキル」を全て持っている人は少ない。

だから、上手くいかない、満足できない、不安というのが現状です。

この対応力を説いたのが「お金の哲学」です。

そういう私も100%、お金について知っていたわけでもないし、完璧な人生を歩んだわけではありません。

むしろ、失敗の方が大半です。

でも、この歳、85歳。

今は、月収150万円。

子供や孫には好きなものを買い与え、知人にもプレゼント、趣味のゴルフも若い人と行くときには、プレー代はもちろん、交通費その他すべてを負担しています。

今は、若い人との交流が大半ですが、全て、私のポケットマネーで負担しています。この歳なので、いつ、寿命が尽きるか分かりませんが、私の考え方は「与える」「プレゼントする」ということが基本です。

残念ですが、私にないものは「初婚の妻」。

若くして、あの世に逝かれました。

でも、今は、25年が経過して、引きずってはいません。

あなたの人生はどのように描いていますか？

お金となると、収入、貯金、投資、マイホーム、交際費、などなど、幅が広いと思いますが、この本の主なターゲットである、20代、30代、40代の人は、私から言わせれば、富士山で言えば、三合目くらいです。まだまだ、知らなければならないことだらけです。

本書では、その「足らない」「未知」「未経験」の哲学を開示しますので、疑似体験し、道案内、方法、スキルを役に立ててください。

必ず、あなたが本来たどるであろう人生、お金について、10倍の見返りがあるはずです。

中には、

「今、稼げている」

「私は若いから、お金に不自由しません」

このような人がいるかもしれません。

でも、大丈夫ですか。

80歳を超えて、体力、知力が衰えた段階で、私の境地になれますか。

なりたい人は、この本で書く内容を参考にして、あなたなりの「人生設計」を立ててください。

大切なのは、前を向く、挑戦する、苦労をいとわない、最悪の中にチャンスがある。

この気持ちを持つことです。

私は、67歳で心臓の手術を受けて、快癒するまでは、数えきれないくらい救急車のお世話になってきました。

子供とも争いました。

でも、今は満足、幸せです。

この本は、85歳の本ですから、この後は書きません。

若い人あての私の「ラブレター」であり、遺言です。

あなたの人生に幸あれ。

東京・下町のオフィスにて

石井勝利

目次　85歳、現役・投資家のお金の哲学

序章

「お金が集まってくる人」になるためのキホン

第1章

お金を増やす知恵①――
「投資信託・株」の本質

第2章

お金を増やす知恵②——「不動産」の本質

第3章

お金を稼ぐ知恵・貯める知恵

第4章

お金を守る知恵

終章

お金と人生

序章

「お金が集まってくる人」になるためのキホン

貧乏だった幼少期

私は、バブルどころか、第二次世界大戦も知っている。

お金の考え方で大切なのは、「知識」だけではなく、様々な修羅場を潜り抜け、生き抜いてきた生の体験です。

現役の人に、日本とアメリカの戦争はどうだった?と尋ねても、歴史の教科書の知識しかありません。

私の戦争体験は、小学生に上がる前の、おじいちゃん、お母さん、お父さん、その時の漫画本のことなど。

それから見れば、バブル崩壊など小さい話です。

私の戦争体験は、当然、幼少期。

田舎の農家での話です。

それでも、時折、B－29爆撃機が上空を通過し、無差別に、爆弾を落としていきました。

そのころは、東京都心は焦土化し、広島、長崎には原爆が落とされました。

爆撃機が飛来すると、家族で裏山に掘った防空壕に逃げました。

その時間もないときは、おじいちゃんと家の中の家具の下に逃げた。

当時、お父さんは、海軍従軍で母島に。お母さんは、女手一つで農作業。

胸におできが出たらしく、泣きながら、畑の作業をしている母の後ろからついて歩いた記憶がよみがえります。

当時の絵本といえば軍国日本らしく「兵隊さんが頑張っている」というもの。

今様の漫画などはない。

戦後に出た「少年王者」というのを覚えている。

戦争中は、都会で食料が足りなくて、樫の実、サツマイモのツル、というようなものを近くのパルプ工場に運んだ覚えがあります。

そのお駄賃として、ザラザラのノートをもらい、役に立てていました。

敗戦後、無事に帰還した親父から「お小遣い」をもらった記憶はありません。

私は三男。長男は優遇され、次男の兄貴は、そのおこぼれにあずかったようですが、三男の私はお金はなかった。

それでやったのは、おばあちゃんと小遣い稼ぎで、裏山の竹林から集めた「竹の皮」(ビニールがない当時、おにぎりを包む材料だった)で、何とか足しにしてきた。

まさに、自給自足。

親からもらった記憶はない。

今も、一人で会社を立ち上げ、情報発信で稼いでいる原点はここにあった気がします。
誰も、助けてくれない。
親父は小遣いをくれない。
自分で、稼ぐ、調達する。
この幼少期の習慣が、今の私の原点です。
貧乏な生い立ち、幼少。
私が今あるのは、これが始まりです。
でも、何もなくても、自分で稼ぐ、何とかする。
このスタートが、私の85年の原点です。
何とかなるのが、お金であり、お小遣い。
でも、誰かを頼りにするのは、あまりよいことではありません。

お金は紙幣であり、日銀券だ

人とお金というのは、深いというか、なくてはならない関係で結ばれています。

お金というのは、そもそもが物やサービスの対価です。

元はと言えば、紙幣ではなく、金や銀、そのほか、誰もが認める「交換物」でした。

しかし、様々な価値観のあるもので、交換するものは、価値観も違うし、信用も違います。

それで発行されたのが、「日本銀行券」です。

いま、私たちが、お買い物をしたり、サービスを受ける際に支払うものです。

日本銀行が発行する紙幣や硬貨は、法律で定められているもので、これを沢山保有している人が「お金持ち」です。

価値のある労働やノウハウを提供することで、貨幣が支払われるわけです。

これは日本国内の話ですが、海外の交易、交換をするときは、ドルが基軸通貨とされ、円をドルに替えることで、海外との取引に使われます。

ただ、これはドルを交換の手段として国際的に使うという事であり、ユーロ圏はユーロ紙幣、イギリスはポンド、それぞれの国の紙幣が流通しています。

日銀券が流通しているならば、日銀券に似せた紙幣を使えばよいのかということで、独自に1万円券を印刷すると、それは「偽造」となり、逮捕されてしまうのです。

日本全国、極めて多くの人が財布の中に紙幣を入れて、モノを買い、サービスを受けますが、その分、日本銀行が国立印刷局というところで、特殊な偽造防止の方法で印刷しています（今は電子マネーが主力ですが）。

この紙幣が欲しいので、私たちは働き、対価として紙幣をもらい、衣食住などのために使います。

これが足りないのが低所得と言われ、有り余っている人が富裕層と言われます。

富裕層というのは、それなりの価値がある仕事などを行っているか、税金を支払って、親などから相続を受けています。

また、相続、労働以外では、リスクはありますが、株式投資などで、値上がりの利益を手にして、所得を増やします。

その方法はリスクがありますので、それ相応の知識や技術を身につけないと、目標通りに結果を残すことが出来ないのです。

ノウハウ、スキルなど、お金を対価として得るためには、それ相応のものを身につけることが必要であり、そのために、勉強し、実力をつけるのです。

したがって「お金を得る、増やす」というのは、遊んでいては無理なので、頑張って、それにふさわしい自分にならなければなりません。

そういうあなたは、お金を多く得るために、この本を読んでいます。

お金の知識だけで財テクは出来ない

いま、書店には「新ＮＩＳＡ本」や「投資本」があふれています。
また、ネットにも「お金との付き合い方」のような情報はあふれています。
これで出来るのは、頭でっかちの投資家です。
ただ、相場というのは、理論的に上手くいくものではなく、経験値が必要です。
上がるはずの株価が、逆に下がる。
下がるはずの株価が、上がる。
これはよくあることです。

例えば、業績発表では良い数値が出ましたが、株価は「材料出尽くし」で下げる、というのは、少なくはないのです。

ここで、知らなければならないのは、相場というのは、常に「先食い」をすることです。

好業績、好材料も先に織り込まれて、株価に反映することは珍しくはありません。

そのために、普通の数値は既に株価に反映されているので、その上を買う人がいないわけで、売られてしまうのです。

ただ、意外なほどの数値が出れば、それを織り込むために、大幅に上げていきます。

これが相場というもので、このような株価の動きはなかなか教えてはもらえません。

逆に、大赤字が発表されたとき、それが想定内であれば、株価は「悪材料出尽くし」で、悪抜けし、反発になることも多くあります。

もちろん、今期は悪いが来期は回復するという予想もできなくはありませんが、悪い数値で上がる、というのは、少しだけ相場をかじった人、初心者には理解できないことです。

このように、現実の投資の経験値で、本当の動きについて予測できないと、お金を投入しても望ましい結果が出ないことがあります。

一見して、あまのじゃくのような相場の動きですが、魑魅魍魎《ちみもうりょう》の相場の中で、勝ち抜き、結果を出していくためには、裏の裏を見抜き、対応できるようでなければならないのです。

それが相場で勝つという事なのです。

実に奥深い、思惑のぶつかり合いの世界なのです。

金利というのは、リスクで弾かれている

金融商品はサラ金だろうが、住宅ローン、生命保険、全て、リスクを弾き出して、運用のバランスが考えられています。

お店に行って、身分証明書ですぐに貸してくれるサラ金や、簡単にカード一枚で借りられるカードローンには、返済不能、滞納のリスクが小さくはありません。

慈善事業ではない事業としての金融には、「不払い」「滞納」の分も含めて、儲かるように金利が設定されています。

なので、まじめに返済すると考えている人が利用するものではありません。

カードローンも同じです。

預金がない人でも、簡単に利用できるローンには、リスクも大きいので、それなりのバランスが取れた金利が設定されています。

リボ払いが高い金利なのも、支払わないで商品だけ受け取られるリスクがあるので、高い金利がついているのです。

このような「金利」の基本は知らなければなりません。

生命保険だって同じです。

「死亡保険500万円」などという商品は、20代の人が加入すると一か月の掛け金は大した金額ではありません。

しかし、40代、50代となるにしたがって、生活を脅かすほどの支払いが発生します。

私は、貧乏学生の時、母の親戚の叔母さんから、生命保険に入ってくれ、すぐに解約してもいいから、というようなまともではない加入を迫られ、解約してはまた加入、というようなことを繰り返していました。

これも、毎月の掛け金が18歳のころは安かったから、あり得た話です。

なんでかと言えば、若くして亡くなる人もいますが、それは40代、50代、60代の人から比べれば、確率は極めて小さいからです。

なので、生保の掛け金は安いのです。

これは、コンピュータで確率を弾き、それでも儲かるように設計されている商品です。

生保と言えば、住宅ローンに付随する団信（団体信用生命保険）の毎月の支払いは、例えば、5000万円を借りても驚くほどではありません。

これは、住宅という担保があること、住宅を求める生活力、前向きな生き方など、様々な要素をコンピュータで弾いて、万が一、死亡して支払いが発生しても、生保としての損が少ない。

むしろ、団信は儲かるという生保の打算の上に計算されています。

なので、掛け金の少ない若い時に生保に加入した方が得になっているので、テレビにも、毎月1000円以下ですよ、というような広告が度々流されます。

しかし、人は20代で死ぬことはほとんど考えないし、それよりも、お酒やデート代の方が気になります。

なので、いかに割安とは言っても、生保に入ろうという人は少ないのです。

本当は加入した方が得なのですが、優先順位が違うので、遊ぶことや異性とのお付き合いにお金は回ってしまうのです。

このような「お金の仕組み」は知っておいた方が断然お得なのです。

円安ではどのように対応すべきか

この本を書いている時点では、円がドルに対して、大幅な安値を付けています。

アメリカの好景気、利下げが遠のくのに対して、日銀が、円安の要因である低金利を是正しないために、投機筋も参加して、円売りになっているからです。

円が安いということは、海外の品物が高くなる。

飛行機や海外のホテルなどの利用料金が高いということです。

それに対して、海外の人が日本で物を買い、サービスを受けるのは、割安になります。

そのために、2024年になってから、海外からの旅行者が急増していいます。

その結果、都市部や地方の観光スポットには、外国人が押し寄せています。

円が安いので、日本人は海外に行くと昔よりもお金がかかり、国内旅行を優先しなければなりません。

インバウンドと日本人が観光地に押し寄せるので、京都などの外国人に有名な観光地は、人であふれて、観光公害の状況を呈しています。

とくに、我々が困るのは、ホテルの宿泊費が高騰していることです。観光地だけではなく、東京のホテルも、ビジネスホテルは急激な値上がりとなっています。

円安は、日本人に人気のあるハワイへの旅行者が少ないようです。

そこで、日本人が行きたい人気の海外観光地は割合空いていますので、少し高いわけですが、行くにはチャンスかと思います。

円が安いので、お金がかかるのですが、日本人が押し寄せない海外の人気地は、むしろ、逆転の発想でお勧めではないでしょうか。

お金でも、行動でも、流れの逆を行くことで、楽しみが増え、行って良かったという思い出になります。

お金は一定でも、旅行に限らず、使い道の良い方法で消費を楽しみましょう。

割高だから行かない、というのではなく、あまり行けない時に行くという考え方が、お金の使い道が良いことになります。

金相場の動きで分かることは

いま、金相場が上がっていますね。

田中貴金属には、金のアクセサリーとか、金に関するものを売りに行く人が多いようです。

なにしろ、今までにないくらいの値上がりなので、売ってお金に換えようという人が後を絶ちません。

なぜ、このように金相場が上げているのか。

最大の要因は、中国が金を買い漁っていることのようです。

そのほかに、ドルだけを保有しているのは危ないとみる国が、ドル基軸通貨の前の交換の役目を果たしていた金を保有し、国としての通貨のリスクを避けているようです。

日本は、金の保有は海外の国に比べて多くはありません。

それは、アメリカとの友好で、ドルに対しての信認が高いからです。

日米安保という軍事的な関係も影響しているかもしれません。

ただし、金相場は国際的なもので、日本だけが割安というわけにはいかないのです。

そこで、いま、金は売るべきか、買うべきかということですが、私は、金は買わなくても良いですが、保有している金製品は、慌てて売らなくても、更に、長期的に値上がりするのは分かっているので、保有が賢明かと考えます。

株式などは、企業の業績や市場の動きで、上下が激しいですが、金は長期的に相場が上げています。

そういう意味では、長期の投資、資産運用を考えている人は、金での資産運用が賢明と考えます。

投資目的であれば、アクセサリーではなく、そのまま売買できる金の延べ棒がよいと思います。

金は、田中貴金属など、売買が可能なところで売買できます。金なら、アクセサリーでも良いだろうという考え方もありますが、それを楽しみながら運用するのも一つの方法です。

貴金属には、白金やダイヤモンドもありますが、交換しやすく、値上がりが景気と連動するのは金なので、宝飾品は金で保有することを勧めます。

経済は変動するのが当たり前である

経済は、生き物です。
常に変動しています。
地価も、食費も、お給料も、レッスン代も。
ひと時も「そのまま」ということはないのです。
当然ながら、その動きに連動して、金利、利息、配当、優待などの規模が変わります。
この変動に、経済活動のチャンスがあります。
企業で言えば、「変化」を上手く捉えて、グローバルで儲けているのが「商社」です。

三菱商事、三井物産、住友商事、丸紅など。

これらの企業は、常に新しく成長する分野へ投資し、買収して、チャンスを数字にしています。

その半面で、古くて稼げない分野は撤退します。

同じように私たちも世の中で求められる仕事やスキルを磨き、それを売り出していきたいところです。

昔の杵柄《きねづか》ではありませんが、古い技術やノウハウにしがみついているのではだめです。

いま、何が望まれているのか。

何がトレンドなのか。

これを敏感に摑んで、打って出ましょう。

無ければ、学んで、身につけましょう。

勉強しましょう。

そこに、受け入れられるチャンスがあり、高収入の可能性があるのです。

コンビニで分かると思いますが、消費者が何を望んでいるのか、生活スタイルで、どのようなものが望まれているのか、これを日々、考えて、新商品を並べて商売しています。

お店の広さには限りがありますので、撤去し、新商品を発表、この繰り返しです。

人間も自分の価値について、常に考えて生きていかなければなりません。

技術で言えば、「生成ＡＩ」というような言葉がいきなり出てきて、世の中は、ＡＩが全てを左右する時代になってきています。

新しい価値や手段が出てくれれば、それを活用し、前を向いて活動していきます。

「私は昔からこれでやってきた、昔は良かった」

このように停滞している生き方からは何も生まれません。

新たな儲けや稼ぐチャンスをものにすることは出来ないのです。

変動する時代の価値観、技術、ノウハウ。

これらに敏感になり、打って出る姿勢が必要であり、そこに、新たな収入や可能性が生まれます。

自分よがりではなく、時代の流れ、経済の動きにあわせて生きていく姿勢が「可能性」「チャンス」をものに出来る人間となるのです。

新ＮＩＳＡの宣伝に騙されるな

いま、人気の新ＮＩＳＡについて、考えてみましょう。

この特徴は、今までよりも、非課税の枠が広がったということです。

何について非課税なのかと言えば、「儲け」に対してです。

なので、儲からない、損をしている、この状態では、何の特典もありません。

これは要注意です。

新ＮＩＳＡで何を運用するかと言えば、株式投資、投資信託が主です。

通常の投資では、儲けに対して、国税、地方税、合わせて利益に対して20％の課税がなされています。

国は、非課税枠を広げるということで、従来は、日本人の傾向として、お金は預貯金に入れていますが、これを株式投資などに移動するために、利益に課税しないという「アメ」を用意しているのです。

ただ、現在の株式投資の傾向では、利益を確保する人は、投資家全体の5％程度に過ぎず、あとの95％は「含み損」を抱えているというデータがあります。

株にお金を回し、運用益に対して非課税のメリットを得ようとしても、実際は、ほとんどの人が非課税どころか、課税対象となる利益がないのです。

もちろん、運用に対して、プロ級の人には恩恵がありますが、「新NISAってなんだ」というような初心者には、ほとんどメリットはないのが実情です。

もちろん、投資の基本である「定額投資」であれば、高い時は少なく、安い時は多く買う「ドルコスト平均法」で購入すれば、含み益が出る可能性があります。

新NISAが得なのではなく、ここにお金を入れて、賢くお金を増やす方法にメリットがあるのです。

それに気が付かないで、証券会社の口座で新NISA枠を使えば有利である、得をするという考えは甘く、成功はないのです。

「新NISAにチャンスがある」というような安易な考え方でお金を移動するのは、逆にお金を減らします。

新NISAでお金が減っても、国が補塡してくれるわけではないのです。

ここがポイントであり、「新NISAは有利」というお題目に騙されないようにしましょう。

新NISAでの上手い運用法は

新NISAは損すると断言するわけではありません。

運用法を学び、コツコツと利益を積み上げるスキルを持てば、勝ち組の5%に入り、非課税の恩恵を受けるのは、不可能ではないのです。

そこで、一番重要なのは、信頼性のある企業の株を買うということです。

そのためには、小型の銘柄を選ばないで、日本の代表的な企業に投資することです。

東証は、海外の投資家向けに、一定の基準を満たした優良企業に「プライム」という枠を設けて、売買できるようにしています。

その企業は、資本金、業績、配当などで、安定的に稼いでいるところです。

日本を代表する企業といえば、損保の東京海上、防衛の三菱重工、商社の三菱商事、三井物産、住友商事、銀行の三井住友、三菱ＵＦＪというような会社です。

人気優先で、新規上場や小型の人気銘柄を選ぶと、思わぬ悪材料に遭遇し、大きな含み損を抱え込むことになります。

その心配がないのが、商社、電機、機械、銀行などです。

目先ではなく、長い目で、成長し、収益を上げている企業に投資し、新ＮＩＳＡ枠に入れる。

これが成功する新ＮＩＳＡでの資産形成の仕方です。

個人投資家の中には、日々の値動きが派手で、思わぬ急騰を見せる新興の銘柄を選ぶ人が多くいますが、この短期売買は安定的に資産を増やし、増えた資産に課税されないという制度の対象として適当ではありません。

また、安定的に、長期に右肩上がりの日足、週足、月足を描いているトレンドの銘柄を選びましょう。

右肩上がりということは、安定的に収益を上げている、それが評価され、株が買われて、時価総額が増えているというしるしです。

日本の代表的な企業である商社は、日本特有の企業ですが、世界的に活動をしており、可能性があり、将来性のあるビジネスに目ざとく事業展開しています。

その結果、収益が高く、社員の給与もダントツで高賃金です。

この会社の社員にはなれませんが、株主という形で、成長の恩恵を受けることは可能です。

毎日の上げ下げで売買するのではなく、中長期的な展望で、稼いでいる商社などの企業に自分の資金を投じて、その見返りを求めましょう。

このような安定的な投資で、急激ではないにしても、ジワリと資産を増やす投資の方法が新ＮＩＳＡの望ましい投資先の選び方です。

新ＮＩＳＡだから何でもよいというのではなく、投資先の企業を厳選し、安定的な収益性を評価できる銘柄に資金を投じるようにしましょう。

それが、この制度でのメリットを賢く活用する、成果が上がる方法です。

投資信託に騙されるな、金融機関は味方ではない

新ＮＩＳＡでは、銀行などが、この資金を取り込もうと躍起になっています。

そのために、投資初心者に対して、丁寧なセミナーなどを盛んに行っています。

「新ＮＩＳＡってなんだ」

このような初心者、貯蓄しか考えていない人には、「投資のお勉強」ということで、この勉強はマイナスではありませんが、実際にお金を定期的に預けて問題がないかと言えば、別問題です。

昔の話ですが、私の知人は、大手の不動産会社に勤めていて、銀行の

窓口のレディの笑顔に誘われて、100万円を投資信託に預けましたが、やがては50万円相当になったようです。

なぜ、このようなことが起きるのか。

それは、投資信託の仕組みに、問題があります。

一度、投資信託の商品を買うと、定期的な手数料を仲介の銀行や証券会社に支払いますが、手数料以上の値上がりが出ないと、評価はどんどん下がります。

銀行では、成績を上げるために、手数料が取れる外貨預金や投資信託を「投資相談」に来た人に積極的に教えますが、それは危険です。

新NISAでは、株式にせよ、投資信託でも、それが値上がりし、資産が増えるのか、減るのかをしっかりと調べ、研究して、預けなければなりません。

銀行などが売りたい投資信託は、昔から「ゴミ箱」という隠語があり、運用者が失敗したものを投資信託に入れるという過去がありました。

今のようなネット時代では、その様な悪手はすぐに広まりますので、証券会社、銀行は用心していますが、新ＮＩＳＡについては、仲介するだけで、利益を保証するわけではありません。

これは昔の話ですが、ネット証券が盛んではない時に、中堅の証券会社の支店長が私の自宅まで来て、「これは必ず上がりますから」と言って買うように勧めて、妻が、１５０万円で一単位を買いました。

それで、証券会社には売買手数料が入りましたが、「上がる」と断言した銘柄は、やがて急落し、３分の1になりました。

私の知り合いの社長は、昔は大手証券会社のトップセールスマンでしたが、やることは、鎌倉の金持ちのシモベになることで、億のお金を動かし、儲けは度外視。

とにかく、お金を多く動かしたセールスが、認められていました。

このように、あなたの味方と思いがちな金融機関は、笑顔で投資信託を勧めますが、その結果は「リスク商品です」ということで、結果に対して責任を取ることは皆無です。

これは用心しなければなりません。

証券会社の選び方の基本は

新ＮＩＳＡを新しく始めるにあたり、仲介の証券会社はどのような基準で選べばよいのだろうか。

既にトレードを行い、一社、二社を活用している人は、それでよいだろう。

問題は、新しく新ＮＩＳＡで証券会社を選ぶ人の基準です。

手数料で安いのは、ネット専門のサイトです。

ＳＢＩ、楽天、ａｕカブコム、松井、マネックスといったもの。

それに対して、野村、大和、みずほ、ＳＭＢＣ日興といった大手証券は、新規上場に関する業務は強いが、頻繁に売買するとか、チャート、板情報、企業情報などを見るには、いまいちの問題があります。

これら大手は、昔からの大口の顧客を大切にし、手数料も高いのが一般的です。

また、企業情報についても、素早さという点ではネット専門の証券に劣ります。

新ＮＩＳＡをやる場合には、通常の売買も行う方が、銘柄の選択やタイミングの点で都合が良いのです。

新ＮＩＳＡだからと言って、このワクに永久に入れておくのは、賢明ではなく、株価変動、相場の流れに応じて売買を行い、収益を高めながら、なおかつ非課税であることの方が、恩恵を受けられます。

その点から言うならば、通常の売買もできて、新ＮＩＳＡにもお金を入れられる中長期のスタンスで投資する両にらみの方が、非課税の制度の恩恵を受けやすいのです。

にもかかわらず、銀行などが勧めた金融商品を半永久的に保有するのは、利益どころか、含み損を抱えることになり、非課税制度の意味は全くなくなります。

このように、新ＮＩＳＡは、投資の一環として、右肩上がり、長期の企業成長を前提に投資することが望ましく、非課税の恩恵を受けるにふさわしい投資の知識と売買の仲介の証券会社を選ぶ慎重さが求められます。

リスクのある金融商品との付き合い方

預貯金と違い、投資信託、海外の株式、ＥＴＦ、国内株式は、全て、リスク商品です。リスクというのは、

・価格変動のリスク
・手数料のリスク
・倒産のリスク
・業績変動のリスク
・地政学的リスクの影響

ということで、投入した資金が減る可能性もあるということです。

もちろん、新ＮＩＳＡに入れるということは、収益に対して一定金額

は非課税という恩恵があります。

目的は利益に対して非課税ということですが、必ずしも儲かるという保証はどこにもありません。むしろ、タイミングが悪ければ、投資資金を減らすということは、当たり前にあります。

非課税枠を設けたのは、国の制度ですが、何に投資して、非課税枠に入れればよいのかは、政府は教えてくれません。

それどころか、リスク商品は騙し合いの世界であり、大半の人が儲かるどころか、マイナスを抱えるのが普通です。

マスコミも、書店も「新ＮＩＳＡ全盛」の感がありますが、実際はそんなに甘くはありません。

というよりも、リスク商品で収益を安定的に積み上げ、非課税の恩恵を受けるのは至難の業であることを認識しておきたいのです。

リスク商品の代表は株式投資ですが、これで財を成した人は、ごく一部に過ぎません。

私は、株式投資に関するスキルを上げるための「株の鬼100則」という本を他社で出していますが、これらは、損を大きくしないためのノウハウです。

新NISA対象の商品は、目減りしないことが重要であり、非課税だからと言って利益が保証されたわけではないのです。

この落とし穴に十二分に注意しないと、銀行や証券会社だけが利益を出し、個人投資家は資産を減らしたというおかしなことにもなりかねません。

「新NISAが危ない」

私はこのように警告したいと考えています。

慌てて、今の相場水準で手掛けなくても、株価が大きな下落の後に堅実な銘柄を入れるというしたたかさも重要です。

新ＮＩＳＡへの投資の期間はどうするか

新ＮＩＳＡは、投資している商品の利益が非課税なのだから、長期に口座に入れておけば、年間３６０万円、生涯通算で１８００万円まで非課税。

このように、大分得したという考えであろうが、ことはそんなに簡単ではありません。

というのも、投資の現実は、個人投資家が投資で収益を得られるのは、全体の５％という統計もあります。

年間３６０万円の原資に対して、収益への課税はないのは事実ですが、残念にも、含み損に対して、マイナス分を補塡するというような都合の良い制度はありません。

私はメールマガジンで投資に勝つための貴重な情報を流しており、読者の中には、1億円の収益を上げる強者もいますが、いかに役に立ち、勝つ確率が極めて高い情報を流しても、自己流から抜け出せないで、資産をなくし、退場する人が多く見られます。

そこで、いかにして投資で収益を上げるか、その方法を列挙しますと、

① 対象は株であればプライムに限定する
② 投資先は、チャートで穏やかに上げている銘柄の押し目で買う
③ たとえ収益が増えても、追加で同じ銘柄を買うと売買の単価が上がるので、買わない
④ 仕込む銘柄は、今期減益で、来期増益銘柄の押し目を仕込む
⑤ 無限の上げはないので、適度に利益確定し、出遅れ有望の銘柄と入れ替える

ということになります。

新NISAが、いかにも有利な制度のように報道されていますが、証券、銀行、政府の仕掛けであり、基本的には投資のスキルを上げないと結果はマイナスを抱えることになります。

新NISAは、非課税で素晴らしいということは、全くありません。それよりは、20％課税でも、機敏に売買を行うことで収益を上げ、税金を支払う方がよほどプラスです。

投資で、収益の上げ方を教えないで、収益が非課税であると宣伝しても、全く意味がなく、噴飯ものです。

用心しましょう。

上手い話はそうはないし、金融機関や政府が、あなたの資産運用を確実に手助けすることはないのです。

リスク商品とリスクの少ない商品の差は何か

非課税で投資の収益を積み上げるにはどのようにしたらよいでしょうか。

投資経験の少ない人、株式投資の自信のない人が新ＮＩＳＡの非課税の恩恵を受けたいと考えるときは、運用成績の良い海外、とくに、アメリカの商品が良いだろう。

日本の投資信託と違い、アメリカの投資信託の運用実績は好調。

しかも、投資王国のアメリカでは、個人の投資は当たり前。やっていない人の方が少ないのが実情です。

このような国で、運用成績が目減りすれば、そのファンド、商品にはお金が集まらなくなり、クローズとなってしまいます。

このような国柄ですから、投信の運用にはことのほか真剣で、運用成績がマイナスなんてことは少ないのが実情です。

貯金が多い日本の甘い環境で行われている投資信託。

マイナスになっても、目立たない、投資家が騒がない日本では、運用者も甘い。

なので、運用者の緊張感も薄く、更に、窓口の女性などは、投資信託の運用の知識も浅く、販売にあたっての危機感もありません。

ですから、比較的リスクの少ない投信、ＥＴＦを新ＮＩＳＡに入れるときは、海外、とくに、アメリカの投信で成績の良い商品を対象にすることをお勧めします。

どれが運用成績が良いかは、ネット検索で出てくるし、銀行などの窓口でも、要求すれば出してくれるはずです。

投信の運用で物足りないときは、株式では、防衛の三菱重工、車のトヨタ、生命保険の第一生命、食品の味の素、ビールのアサヒというような日本を代表する企業の株を買い、NISAに入れましょう。

その際に、PER（株価収益率）、PBR（純資産倍率）のデータも確認しましょう。

東証は、とくにPBRが1倍を下回る銘柄について「株価対策」を要求しており、会社側がこの対策を打ってくる傾向が強いので、長期の運用では大きなマイナスを出す可能性は低い。

このように、運用実績、企業の安定、成長性をしっかりと把握して、運用しましょう。さしたる努力もしないで、NISAでの運用が上手くいくことは皆無です。

努力しないで、お金が増えることはありません。このことをしっかり肝に銘じ、調査し、投資対象に入れることを勧めます。

情報を素早く理解できる者が勝つ

相場の世界では、情報、材料をいかに素早く理解し、動くかが肝心です。

一番相場への影響があるのは、アメリカ経済のデータです。それほど、アメリカ経済は日本の市場に影響があります。アメリカの大手の企業は、時価総額で、世界のリスク資産の相当な部分を占めます。ですから、これらの企業の株価に影響する金利、為替、原油相場、金相場、消費者物価、景気動向などには、敏感に対応しなければなりません。

日本の株価が、アメリカの経済指標の影響をまともに受けるのです。

日本のＧＤＰの数値ではさしたる動きはないのに、アメリカ経済のデータで日本の株価が大きく動く。

これはアメリカ経済の世界経済に対する影響力が大きいという実態を映し出しています。

日本企業の大半はアメリカに拠点を持ち、収益を上げています。

アメリカでの減税や様々な優遇制度は、アメリカに進出している企業に大きな影響を与え、業績に反映されます。

もちろん、ＧＤＰがアメリカに次いで大きい中国、インドなどの経済も見逃せません。

しかし、アメリカの比ではありません。

自由主義の国の王者であるアメリカは、日本の企業と大きくリンクしており、朝方、ニュースになるアメリカの株価、原油の値段は見逃せないのです。

これに追加して、見逃せないのが中東です。

日本のエネルギーの大半は、中東の原油、天然ガス等に頼っています。

電気代金、資源など、その価格動向、紛争などは、地政学リスクとして、相場に大きく影響します。

内閣の支持率のニュースは、相場に大した影響はない場合がありますが、アメリカ、中東のニュースは日本の物価、企業の業績に大きな影響があるので、無視は出来ないのです。

デフレ、インフレで懐が変わる

お金の価値は時間と共に変わるという感覚は重要なことです。

私が高校を出て、東京で生活をしたとき（後に大学に進む）のお金の事情はどうでしょうか。

賃金は、ひと月に８０００円くらいという今では考えられない水準です。

しかし、家賃は６畳一間を借りて、６０００円です。月給が６畳一間の家賃に近いというのは問題ですが、私は６畳一間に友人と暮らしていましたので、実質３０００円です。

３畳一間を借りていたこともあります。

その当時の物価は、ラーメンが30円、定食が40円。山手線の運賃が一回り10円でした。

これが、今から60年前の経済です。

私が結婚して、新婚の家を借りたのが、東京の渋谷区幡ヶ谷で、６畳一間にトイレ、ミニキッチン付きで1万６０００円でした。

この当時、親から遺産の代わりに２００万円をもらいましたが、そのとき買った埼玉県南部の一戸建て分譲が４３０万円でした。

大した物件ではありませんが、一応、３ＤＫの住まいでした。

考えられない物価、経済です。

今は、都心の中古のファミリーマンションが安くて５０００万円、新築のタワーマンションは1億円します。

ここで、何を言おうとしているかですが、お金の価値は、インフレなどの影響でどんどん変わります。

不動産などを保有していれば、価値の変動にリンクしますので、不動産の価格がインフレなどについていきますが、タンス預金、ほとんど利息の付かない普通預金で放置すれば、時の経済の変動でドンドン、価値が落ちていきます。

いま、都内で、３０００円で住めるファミリーの家は多くありません。ラーメンは30円では食べられません。

そこで、気が付かなければならないのは、お金の価値は変動するということです。

どのように変動するかと言えば、価値が落ちてくるということです。

落ちないのは、金相場と、都会の不動産です。

この価値の変動の実態を知らないと、お金は増えるどころか、減っていきます。

老後２０００万円ということが言われますが、おいおい、この金額は、足りない金額になっていきます。

そのために、不動産資産やリスクはあるが、株式などで経済の変動にリンクするお金の運用力をつけていきたいものです。

第1章

お金を増やす知恵①——「投資信託・株」の本質

お金や仕事は時代が決めてくれる

お金を増やす、資産を作るというのは、時代の流れで決まります。

今は、株価が上がり、不動産が世界からの日本買いもあり、上げています。

このような時は、株式投資のスキルを上げて、少ない資金からでも、時代の流れに乗った銘柄で長期に投資することで成果、リターンが得られます。

今の大本命は、ウクライナ、台湾などのリスク対応で防衛関連、中でも三菱重工が安定して買われる時代です。

また、東京の地価、人の集まり、海外からの資金流入で三井不動産など、不動産株に妙味があります。

いま、インバウンドの消費はコロナ前を超えており、ホテルやテーマパークにチャンスがあり、この分野の代表も三井不動産です。

人の移動から考えれば、ＪＲ関連、私鉄などに収益のチャンスがあります。

いま、東京の中心では、日本人に加えて、外国人、とくに台湾や欧米人が目立ちます。

彼らは、日本の食を堪能し、「コト消費」に向かっています。

これはうなぎ登りの傾向であり、関連の開発業者、ホテル業界が伸びます。

また、生成ＡＩの活用は時代の流れ。

これに関連する半導体製造装置は、目先の上げ下げがあっても、全体としては上がっていきます。

注目し、押し目を買いたいところです。

政府も日本人を「貯蓄優先」から、株、投信などのリスク商品に誘導する「新NISA」に力を入れています。

証券業界も「投資初心者」の育成に力を入れています。

とくに、将来ある若い世代に向けて、啓発しており、企業も求めやすい株価にするために、「株式分割」「優待」「配当」に力を入れています。

この面では日本を代表する企業に注目です。

トヨタ、ホンダ、三菱重工、三越伊勢丹、高島屋、三菱電機、三菱UFJ、三井住友、第一生命、JR各社などに長期で注目しましょう。

不動産では、東京、大阪の上げが目立ちますが、本命は東京。

その中でも、千代田区、中央区、港区、渋谷区などの人気とブランド力が鮮明です。

それで、手が出せない人の間では、首都圏のアクセスの良い郊外の一戸建て、マンションが今後も人気化し、資産価値も上がります。

ただし、リゾートマンション、ゴルフ会員権は、不要不急であり、絶対ではないので、余程の資産家ではない限り安易に手を出さない方が賢明です。

不動産、投資商品は、リスクがありますが、長期で考えれば、資産価値が上がり、供給に限度がありますので、投資先としては有効です。

お金を増やすには、勉強と経験が肝心だ

日本人には、昔から「守銭奴」とか、「お金は汚い」という言い伝えがあります。

しかし、「新NISA」が始まった2024年からは、日本では誰もが投資商品に手を出し、資産づくりに頑張る流れになっています。

本屋に行っても、ネットでも、「新NISA」に関する宣伝が盛んです。

これは時代の流れであり、年月においてアメリカから大幅に遅れています。私たちは、リスク商品である投資信託や株式投資で資産づくりで頑張らないとならないのです。

「私は投資には興味がない」

このような遅れた考え方は許される時代ではありません。

投資だからと言って、ギャンブルではありません。

金融商品には価格変動というリスクはありますが、対象となる企業は、将来に向かい、成長企業として、社会に必要なビジネスを展開していきますので、自分に合ったテーマの銘柄に応援の気持ちで、お金を投じ、その成長の見返りをいただくことになるのです。

最初は、毎月1万円からでも構いません。

しかし、対象の企業の業務の中身、業績、株価と割安・割高などなど、判断を求められます。

投資判断の物差しであるPER（株価収益率）、PBR（純資産倍率）というようなことも理解しなければなりません。

株価がデータ通りに変化するとは限りませんが、株価は業績の変動にある程度、連動するのは間違いないのです。

それに、生成ＡＩというような時代の流れに沿ったブームや、円安で流れ込んでくるインバウンドの動向にも目を向けなければなりません。

その先に、安定した資産運用の成果があります。

人から言われたからではなく、自分で投資対象の判断が出来るようにすることが、お金を増やす見返りとなります。

それと、もう一つ。株価などの変動商品は、アメリカなどの経済動向、金利、政府の政策などにも影響を受けます。

リスク商品なので、お金を入れるタイミング、逃げるタイミングも必要であり、機敏な動き、判断が出来るようにしていくことが、安定的な資産運用の鍵となります。

私たちよりも、いまの小学生や赤ちゃんの時代は、投資は当たり前の時代です。子供たちにバカにされないように、努力を惜しまないようにしましょう。

財テク、やったことのない経験に踏み出す勇気を

お金を増やす、儲けるためには、多少のリスクがあっても、「ハイリターン」の株式投資や投資信託にお金を向けることが基本です。

これらは、理にかなった動きをしますので、経験と知識があれば、高いリターンを得る可能性があります。

教わらなくても、多くの人が手を出すのが、パチンコ、競馬、競輪です。

これらは、たまには儲かるが、トータルでは負ける。

胴元、お店がシステム的に一定の収益を上げ、残った分を分け合う仕組みですから、勝ち続けられることはないし、長くやっていればお金が増える、ということはありません。

それに対して、株式投資などは、市場にお金が流れ込んでいるときは、買った後に上がる可能性がありますので、収益のチャンスがあります。

もちろん、株価が下り坂、市場からお金が退避しているときは、株価は下がりやすいので、ここでは、逃げなければなりません。

ただ、今の経済、将来の経済になくてはならない事業展開、製品の提供をしている企業は、多少の上げ下げがあっても、利益が伸びる、人気が上がる可能性がありますので、中長期で保有する。

下げたら買いの「逆張り」にチャンスがあります。

このように、株式投資などで稼ぐには、相場の流れ、企業業績、割安か、割高か、これらを判断する知識や経験値が大きく影響します。

リスク商品は、失敗もあります。

しかし、失敗をして学ぶという蓄積も、後でチャンスが来たときに大きく稼ぐ準備運動になりますので、多少の失敗は飲み込んで、挑戦しましょう。
ここで大切なのは、全資産を傾けず、余裕資金で勝負すること。
一か八かの勝負は、失敗すると、身動きが取れなくなりますので、大切な考え方です。

昔から、資産を増やす人は失敗に学んでいる

投資という観点から言うなれば、貯金とは違い、失敗はつきものです。

その失敗を重ねながら、大きなチャンスで勝つ。

これがリスク商品への対峙の仕方です。

昔の「相場師」は、コメ相場などが多かったのですが、「空売りする」「買いまくる」というような「力技」で臨むことが多かったのです。

来年はコメが不作と見て、値段が上がると予測して買いまくる。

かたや、不作のように見えるが、需給関係で、コメは安い。このように見れば、売りまくる。

相場に絶対はないので、綿密な予測を立て、勝負の資金があった方が

勝つ。

これが相場の勝ち負けです。

この本を書いている時点では、「生成ＡＩ」という画期的な技術が登場し、文字情報はもちろん、動画などでも使用され、様々なＩＴ企業が独自のソフトを作成して、戦国時代になりつつあります。

生成ＡＩは、ビジネスの効率化に大きく寄与しています。

反面で「偽情報」も氾濫して、真偽の判断が難しい。

しかし、時代の先端を行くビジネスにはリスクはつきもので、そこに飛躍のチャンスもあります。

より高度なシステムやソフトの性能を左右するのは、極めて微細な半導体なので、今後は、半導体の競争の時代に入ります。

何処が勝つのか、需要に応えるのか。

その動向をしっかり摑み、調査する人が投資で勝ちます。

多少、割高に買われても、それは将来の収益に対する期待値が含まれていますので、その仕組みを理解し、対応していきたいところ。

投資に絶対はありません。

あるのは、確率です。

それをいかに高めてリターンを得るか。

そのために、不断の努力を惜しまないことが、より高い成果を得ることにつながります。

失敗に学ぶ。めげない。

この精神力と、前を向く意欲が最終的に、大きな成果をもたらすことになります。

海外の株式は対象になるのか

株式投資では、ウェブを使い、例えば、ＮＹの株を買うことは可能です。

マイクロソフトやアマゾン、グーグル、メタ、エヌビディアというような世界的に有名な企業の株を買い、新ＮＩＳＡに入れることは、可能です。

アメリカの巨大企業は世界的に巨大な影響力があり、収益率、変化率にも目覚ましいものがあります。

生成ＡＩ関連でアメリカ企業は群を抜いており、今後はこれらの先端企業から目が離せません。

また、コロナウイルスのワクチンでも分かるように、アメリカの創薬、医療もすごいものがあります。

私は、長い間不整脈の一種である心房細動で苦しんできましたが、アメリカ発のカテーテルアブレーションという治療法で１００％治癒し、今現在、このように本を書くためのモチベーションがあります。

アメリカの技術力、資金力には凄まじいものがあり、見逃すことはできません。

アメリカ企業の株を買う際には、外国の株を買いやすく、情報が豊富なサイトを選ぶのがよいでしょう。

日本の企業と違い、情報は多くはなく、英語での記載も多いので、これらを読むか、日本語で発信された企業情報を読むのがよいでしょう。

ただ、電気自動車のテスラについては、少しリスクがあります。

創業者のイーロン・マスク氏が、電気自動車について、中国産の自動車に値段などで太刀打ちできず、前向きではないことに用心が必要です。自動車では、トヨタなどの日本車は、電気自動車で後れを取っていますが、ハイブリッドなどで競争力があり、問題はありません。世界生産の点でも日本が圧倒しており、脱炭素時代でも、収益力は強いものがあります。

アメリカ企業の強さと日本企業の強さをよく考えて、選びましょう。アメリカなどの海外の株式については、一定の人気がありますので、情報をしっかりと集めるのが望ましいです。

日本の企業と違い、とくにアメリカ企業は変化率や成長で目覚ましいものがあり、買う資金も株数が少なくて済むので、手掛けやすいという面もあります。

プロと戦う運用方法を身につけよう

ＮＩＳＡにせよ、課税方式でも、株や投信などで運用するときには、全てが思うような成果が約束されていないことに用心です。「リスク商品」というのは、価格の変動があり、運用のプラス成果もあれば、マイナスにもなるということです。

運用の市場には、当然ながら、その道のプロが参加しており、アマチュア（白帯）と黒帯の人が柔道をするようなものです。

野球にすれば、プロ野球と大学野球、高校野球が試合をするのに似ています。

プロは、当然ながらあらゆるデータを持ち、資料も満載で、売買しています。

しかし、個人投資家は、ネットのわずかな資料で、これは上がるはずだ、というような希望的観測で臨んできます。

個人が負けるというのは、明らかですよね。

では、この世界で成果を上げるにはどうすればよいのか。

それはプロには出来ない強みを活用することです。

プロが出来ない状況は、

① 投資期間が決まっておらず、自由に決められる

② 投資資金が少ないので、「成り行き」で逃げられる

③ 負けても職場での立場は関係ないので、大負けしても、それに学んで、勝つスキルを身につければよい

④ 自分なりの勝ちやすい売買方法を身につければ、プロに勝つ可能性もある

⑤　プロに勝てるような企業情報や独自の情報満載の立場を活用して挑戦できる

このような、プロに負けない個人投資家としての強みを生かして、市場で闘いましょう。

大きく増えるのは、大きく減るものだ

投資という点で言うと、一気に二倍、三倍になる株価は、逆に、半分、3分の1になる可能性があることを知っておきましょう。

株式は銘柄により、激しい上下を繰り返します。

急騰・急落があるのは、新興の小型銘柄です。

一気に大きく増やしたいと考える個人投資家は、この激しい値動きの銘柄を選びます。

その結果、下手をすると、投資で儲かるどころか、大きく資産を減らします。

とくに、初心者、個人投資家は、小型の値動きの激しい銘柄を好むよ

うです。

ネットで「億トレ」というのが語られますが、その人達が好むのは、小型で、急騰する銘柄です。

しかし、私はこれは勧めません。

小型の銘柄は浮動株（市場に流通している株）はあまり多くないので、少しの売買で、値段が大きく動きます。

この銘柄群には、海外の投資家はあまり手を出しません。

なぜならば、業績や会社の立ち位置も海外から見れば魅力的ではなく、下手をすれば倒産もあるので、東京市場の7割を占める海外投資家は買わないのです。

小型株を好む人は、国内の個人投資家、仕手筋です。

とくに、仕手筋は個人投資家を騙して高値で売り逃げようという売買をしますので、出来高が増えて急騰した場面では個人の買いが集まります。

しかし、仕手筋が逃げた後は、意図的な買いがなくなり、後は下げるのみ。

その銘柄を保有しているのは、初心者の個人投資家が多くなります。

このようなリスキーな銘柄は個人には難しく、評価損も大きくなります。

反面で、外国人が好むような大型株は、動きは鈍くても、業績が安定しているものが多く、長期で持てば、収益が安定的に増えます。

だから、海外投資家が集まってくるのです。

大型株の動きは、NY株価に連動しやすいので、値動きを予測しやすいのです。

その様な意味で、初心者には先を予測しやすいので、NISAには向いています。

新NISAに入れるなら「商社株」を推奨

このようなことを書くと責任がありますが、自信を持って書きます。

商社は、日本独自の企業体で、常に将来性があり、収益アップの可能性があるところに出資、見込みのない事業は整理する。

このように、低迷しようのない業態です。

一時的に減益になっても、すぐに立て直します。

もし、トップに問題があれば交代し、社内からいくらでも後任がいるほど人材豊富。

社員の平均給与は1000万円をはるかに超える人気企業です。この企業群に目を付けたのが、アメリカの著名な投資集団の創業者、ウォーレン・バフェットです。

かれは、日本の商社に9%程度の資金を投入していますが、さらに買い増している模様。

何しろ、株式投資で重要な上場来の株価の動きを見ると、商社は全て上場来高値です。

関連銘柄は、三井物産、住友商事、三菱商事、丸紅、伊藤忠。

これが五大商社。

他にも、双日があります。

株価チャートを見れば、全ては「上場来高値」の右肩上がり。

多少の上げ下げがあっても、傾向は上向きで、中長期の投資には最適です。

株について知識の浅い投資家でも、商社株の長期投資には失敗がほとんどありません。

あるとすれば、短期で株価を見過ぎて、下落のタイミングで慌てて売ることくらいでしょうか。

上場来高値を続けている銘柄、業種は、長く持てば持つほど、成果が出ます。

新ＮＩＳＡには最適な銘柄群であり、他に代替えは見当たりません。

他に、日立、三菱電機、三菱重工というような日本を代表するメーカーもありますが、それは二番手です。

最終的には、自分で検証し、納得して、投資することを勧めます。

商社株への投資は、タイミングに関係なく、長期的にはいかなる時点でも有望。

この本が古くなっても、貴重な情報です。

中国経済と連動する銘柄を心得よう

投資をする、株を買うということを考える際には、日本企業だけではなく、世界の企業の状況に目を向けることが重要です。

ご存じのように、経済は世界中でつながっています。欧米はもちろん、中国、中東、アフリカ、南アメリカなど。

情報という点では、日本に関係が深いアメリカの情報がリアルタイムで入ってきます。

なので、アメリカ経済、株式、政治については、テレビやネットで報道されており、とくに問題はありませんが、問題は中国です。

調べてみると、日本から中国に進出し、拠点を置く企業の総数は、3

万を超えています。

ここに、日本のビジネスマンが滞在し、日本の企業や日本人の生活に欠かせない仕事をしています。

中国の現地での仕事は、当然、日本の上場企業と密接に関連し、業績にも影響します。

コロナの時は、日本にダイレクトに菌が到来し、企業活動、生活、医療、流通などに多大な影響がありました。

今は、インバウンドは、コロナ前の２０１９年を上回るデータが出ていますが、当時は大変なことになりました。

世界第二の経済大国の情勢は、日本の企業動向に大きく影響します。

とくに、安川電機、ファナック、コマツ、日立建機などは代表的な中国関連ですが、これらは一部で、投資をするならば、中国の経済動向には目が離せません。

24年初めの東証の株式が急騰しましたが、これは中国に向かっていた海外の資金が東京に流れてきたためという情報があります。

私の妹の長男である甥は、昭和電工関連の企業の中国滞在の役職にあり、大分、苦労したようですが、いまは、東京に戻っています。

関係なさそうな中国ですが、侮れません。

中国に続くのは、インドです。

日本を抜いて、経済規模は大きくなることが予測されていますが、海外に目を向けて、間違いのない投資、お金の流れを考えていきましょう。

間違いなく資産を増やすには、株の暴落のチャンスを待つのが良い

株式で大きく資産を増やすのは、大きく上げたときではありません。ぐんぐん上げているときに買いたい気持ちは分かりますが、その先には下落が待っています。

その時は、早めに買っていた大口投資家、外国人が売り逃げるときです。

普通の上げの時に飛び乗っても、うまみはないのです。

確実に稼ぐ、利益を積み上げるには、誰もが怖くなって、売り逃げるときに、リバウンドを待ち、したたかに買うことが大切です。

「人の行く　裏に道あり　花の山」

株の世界にはこのような格言があります。

これは、投資は「人の逆を行きなさい」ということです。

直近では、コロナウイルスが蔓延したときです。

このときは、感染拡大防止のため、人の動きが止まり、密にならないよう、人が集まる場所は閑散となりました。

デパートやテーマパーク、鉄道、飲食、航空などは、それこそ閑古鳥が鳴き、経営は最悪でした。

しかし、コロナで世界が終わることはなく、今思えば、あの時は関連業界の株価下落による買いのチャンスでした。

しかし、この最悪の時は、買うのに勇気がいります。

そこで、マスクやワクチン関連が買われたのです。

しかし、それがどれほどの経済効果があるのか、読めないのが普通です。

それに対して、銀行、保険、商社、自動車は、必ず必要なもので、コロナが下火になれば買われる銘柄です。

目先に起きていることに慌てず、その先を読める考え方が、大きなチャンスを得るのです。

今後も、ハプニングの起きる可能性はいくらでもあります。

毎日売買しないで、大事件、ハプニングを待ち、一気に資金を入れる心得を身につけましょう。

政治の動きと株価は連動するのか

政治経済、海外の動向は、金利や株価の変動に結び付きます。

お金に関する変動は全て、経済、外交、軍事などと深くかかわっており、見逃すことは出来ません。

歴史を紐解けば、日本が第二次世界大戦に負けたときは、「軍票」といわれた貨幣が大きく価値を変動させました。

バブル崩壊の時は、大手の銀行や証券会社が倒産し、バブルが弾けて、株価や不動産が暴落しました。

これにより、倒産した企業に勤めていた人はもちろんのこと、お金を借りて不動産に投資していた人は、不動産の価格が借入額よりも大きく値下がりし、負債を抱えて破産しました。

日本全国に、破産者が続出したのです。

倒産しなかった銀行は、自らの貸し出しの相手が破産したので、貸し出した金額を損切りして、対応しました。このように、経済が変動すると、その煽りで、多くの人が地獄を見るのです。

お金の価値や資産価値というのは、その時の経済のバランスで大きく変動します。

いま、東京には世界中の資金が流れ込み、株価が上がり、ファミリーマンションが高騰していますが、世界経済がおかしくなれば、ミニバブルの崩壊で、価格が大きく変動します。

そうなると、多額のローンを借りて、マイホームを手に入れた夫婦などは、借金地獄に陥りかねません。

注視したいのは「上がるから買う、買うから上がる」という流れが逆回転した場合のことを考えて、目の前の状況を見ておかなければならないのです。

考えてみても、年収1000万円未満の人や夫婦が、1億円、2億円のローンを組んで、買うのは自殺行為です。

生身の人間、いついかなる問題が起こり、返済不能の事態にならないとも限りません。

いまは賃貸という方法もあるので、敢えて多額の借金を抱えて、不動産資産を求め、新NISAに投資する必要はありません。

大切なことは、「身の丈」を守ることです。

多額の負債を抱え、病気にもなれない、旅もできないというがんじがらめの生き方はやめにしましょう。

地道に、慌てないで、可能な範囲で、無理しない生き方、お金の借り方をしたいものです。

「もしトラ」で資産の動きは変わるのか

アメリカの政治経済の動きは、日本経済、我々の生活に大きな影響があります。

かつて、トランプ氏が大統領になった後は、その急激な政治手法に世界中が驚きました。

環境、軍事、為替、外交。

全てにトランプ流が横行し、あらゆる人が右往左往しました。

今後、アメリカの大統領に誰がなろうが、日本の一番の同盟国であり、多くの企業がアメリカで活動しているので、私たちの生活に関係ないとは言えないのです。

第二次世界大戦では、日本の広島・長崎に世界で唯一原爆が落とされました。日本の大都市は、ほとんどが焦土と化しました。

その後に、日本は軍事国家から民主主義の国に転換しました。

今は、日本はアメリカの「核の傘」のもとで、つかの間の平和を手にしています。

戦後80年にも満たない、私たちが親や祖父母の世代から受け継いだ今の平穏の生活は、永遠に続くという保証はありません。

既に、日本の軍事は、台湾有事に備えて、沖縄や先島諸島に軍事拠点を増強しています。

北朝鮮のミサイルは、日本全体が射程圏内です。

敵と味方、これは時代により変化します。

いつ、どのようになろうとも、常日頃から準備し、貯えておくことは、命ある限り重要です。

お金を増やそうという考えも大切ですが、「減らさない」「上手く活用する」ということも重要です。

減らさない、高利の借金をしないのもお金に対する大切なことです。

日本列島は「火山列島」です。

東日本、熊本、能登の後に、何処に、大地震があっても不思議ではありません。

有事に備える。いざという時に備える。

この考え方は、生きている限り、子孫がいる限り避けては通れない問題です。

無関心というのは、やがては地獄につながります。

いざという時に備える気持ち、計画は、不幸や絶望にならないために極めて重要なことです。

リスク管理は、お金の管理の最たるものなのです。

内閣支持率は株価に連動するか

内閣というのは、一国の政治・経済を動かす重要な組織ですね。

ここで、我々の税金や様々な法律、外交、経済政策のことが決められ、それが、国会に通されます。

内閣は、国家公務員で構成される行政機関のトップです。

いわゆるお役人の親玉です。

内閣の支持率と言うと、「あまり関係ないかな」と思われるかもしれませんが、それは、自分の身の回りの制度や、決まり事に無関心であることを表します。

私たちが、日ごろの生活をし、働き、税金を納める。

それらは全て、内閣が決めて、国会で承認され、法制化されたものです。

だから、関係ないというようなことでは許されないのです。

コロナの時に一時金が配られたのも、内閣が決めたことだし、マイナンバーカードに全ての情報が集約され、保険証の代わりになったのも内閣の方針です。

内閣のトップである総理大臣の政治姿勢や決断は、私たちの日々の生活に直結します。

円安は物価高を招き、その背景にある金利は日銀が決めますが、それも、内閣との連携で決まります。

私たちは、政治、行政で、ありとあらゆるものが決められ、その土俵の上で生活し、生きているのです。

これほど、お金に縁があることはありません。

かつてのバブル経済を招いたのも、その前の第二次世界大戦に至ったのも、内閣の方針です。

今後は、憲法改正などがあるかもしれませんが、それも、内閣の方針が極めて大きく影響します。

政治に無関心というのは、自分の生き方に無関心と同じです。

自分の生活と政治、行政がリンクしている事実に目を向けたいものです。

株価と為替の変動との関係はあるのか

円安・ドル高では、どのようなことが行われているのか、知っておく必要があります。

円安の根本原因は、日本が低金利（ゼロに近い）に対して、アメリカは限界まで上げていて、景気動向次第では金利を下げる段階であるためです。

アメリカは限界まで金利を上げ、日本は、ゼロ金利からの修正。

これでは、円は安くなり、ドルが高くなるのが当たり前です。

市場では、この金利差を狙い、「円売り・ドル買い」が強まっています。

ただ、際限なく円が安くなると、海外から輸入したり、海外に製品の委託をしている企業にはマイナスです。

とくに、日本は海外から石油、天然ガスをほとんど輸入し、小麦も大半が輸入です。

円が安くなれば、電気、ガス、パン、食料品の高騰があります。

また、円が安いことから、海外旅行費はかさみ、安易に出かけることは不可能です。

反面で、海外から日本に来るインバウンドにとっては割安感があり、このところ、都市部や観光地に外国人があふれています。

このように、同じお金でも、円の価値は下がり、ドルは強い。

これは「お金の交換価値」の変動であり、お金のことを考えるうえで、知っておかなければなりません。

私たちの日常生活でも、様々なものが値上がりし、給与が大幅に上がらない中で、買うものはどんどん上がるので、生活が厳しくなり、消費が困難になり、貯金は減っていきます。

円相場は、あまり関係ないどころか、海外からのものが高くなり、海外の人は日本に来て消費すれば安くなる。

この事実を知る必要があります。

円安で儲かるのは、自動車を始め、海外に輸出している企業です。

その代表がトヨタで、日本最大の時価総額50兆円になっています。

私たちは輸出で儲けることが出来ないので、代わりに円安メリットのある輸出関連企業の株価で、儲けの分け前をいただくしかありません。

また、円安で押し寄せる海外からの旅行者で儲かるデパート、ドラッグストア、ホテル、鉄道、テーマパークの株をタイミングよく購入して、ほどほどの利益で売却する投資方法を取るしかありません。

ものの値上がりを嘆くだけではなく、為替変動で、どこの企業が儲かり、株価が上がるのかをしっかり調べて、流れに乗る姿勢も重要です。

インフレは株価を動かすことがある

現在の円安、物価高騰は、まさにインフレですね。

ただ、インフレはデフレに対して、プラスのイメージがあります。

お買い物をしていても、モノの値段が次々と上がるので、家計には厳しいものがありますが、ベースアップ、最低賃金のアップ、金高騰、マンション高騰というように、私たちの気持ちの高揚をもたらす経済の動きでもあります。

このような右肩上がりの経済で、その恩恵を受けるのか、それとも、眺めるばかりで不満をためこむかは、その人の「見方、考え方」によります。

モノの値段が上がるというのは、企業にとって「値上げできる」「儲かりやすい」という環境でもあります。

その「儲かる」を上手く利用しているのは、日本最大の巨大企業「トヨタ」などの輸出でかせいでいる企業です。

トヨタは堅実な経営、圧倒的なシェアが基本にありますが、力のある企業は儲かる時代です。株価は必ずしも連動しないこともあるが。

この時代は、自分に自信がある、他にはない売り物があるという人には、チャンスです。

私は、こうして本を書いていますが、お金に関して何かを言う、言ってきたことが注目されている、ということで、執筆の依頼があるのです。

あなたの売りは何ですか？

どのようなことでも良いので、世の中のために、誰かが欲しているスキルがあれば、思い切って生かして、前を向いて発揮しましょう。

それがお金を生み、豊かな生活が可能になります。

現状をプラスに捉え、打って出た人にチャンスがあります。

指をくわえて見ているだけでは何も生まれません。

積極的に自分ができることで、世のためになろうとする姿勢には、このインフレ、先高感のある時はチャンスです。

身の回りをよく見て、頑張りたいところです。

地道な努力に資産を増やす可能性がある

お金を増やす、貯めるというのは、結局、「常道」を行くのが確率が良く、成果が良いのです。

私は、Xで告知し、間違いのない銘柄やチャート解説を行っていますが、中には、元金が10倍、20倍になるとうたい、「無料講習」で人を集めて、会員に誘導する手口が増えています。

「タダより高いものはない」

このように言いますが、安易にお金を増やそうという心がけは大けがの元です。

今の株式相場で、地道ではあるが、確実に業績に応じて成長していく企業への投資が王道です。

東京市場に集まっている資金、売買しているプレーヤーの7割が外国人です。

東京は、その場所でしかありません。

その外国人たちが保有し、資産の増加を狙うのは、バフェットさんも唱える商社株などです。

それらは東証のプライムにあります。

なぜプライムかと言えば、財務内容や業績、今後の企業戦略を信用し、期待できるからです。

今は、生成ＡＩがトレンドですが、この関連の企業に注目が集まっています。

生成ＡＩの発信元は、アメリカです。

その企業と提携がある日本の半導体関連の企業が買われ、資産価値が上がっています。

株式投資で資金が集まるのは、未来への期待です。

夢のある企業にお金が集まります。

そのために、未来を作る企業、未来を拓く企業に敏感になる必要があります。

もちろん、リスク商品ですから、一時的には上げ下げがあり、損が膨らむこともあります。

ただ、プライム市場の企業は倒産の確率が極めて低いので、博打のようなものではないのです。

株価には上げトレンドと、下げトレンドがあります。

そのトレンドと、下落のシグナル、上げのシグナルをしっかり学び、吸収し、臨むことが大切です。

何事も、基本、セオリーというものがありますが、リスク商品である株式や投信については、その仕組みの理解について研鑽しなければなりません。

楽してお金を増やそうというような安易な考えで臨めば、逆にお金を減らします。

経済やお金の基本をしっかりと学び、自分の力で投資し、お金の管理をしなければなりません。

他力本願で資産が増える、金持ちになるということはあり得ないのです。

第2章

お金を増やす知恵②——
「不動産」の本質

お金が増える「時代背景」を知っておこう

「お金を増やしたい」

このように考える場合、一番重要なのは、時代背景を大切にすることです。

いま、日本は、バブル崩壊後、34年ぶりに株価を上げ、賃金も大企業から5%、6%とベースアップが実現してきています。

これで、思い出すのは、バブル前の池田内閣の「所得倍増計画」、田中内閣の「日本列島改造論」です。

このときは、働く人の賃金が倍々で増えました。

また、株価、不動産なども次第に値上がりし、人々は働くだけで、収入が増えていきました。

このように、日本経済が活性化して、お金が回り、投資資金が増えるときは、自然にお金は増えていくのです。

もう一度言えば、お金は時代背景で増える。

このことを知ることが大切です。

私が高校を卒業(後に独学で大学へ)して文化放送に就職したときの月給は、1960年代でしたが、なんと8000円でした。

いま、低賃金と言われていますが、当時はこれでアパートを借りて生活していました。

結婚したときの給与は、月給1万6000円でした。

8000円から見れば増えましたが、当時のトイレ、台所付きの6畳間は、家賃が1万6000円です。

なので、給与は家賃で消えました。

幸い、妻が働きに出て、２万円近く稼いでくれたので、生活は成り立ちました。

当時の主な物価は、10円に意味があり、20円でコーヒーをのみ、40円でランチが食べられました。

ということで、今の金銭感覚で考えると想像ができませんが、何とか食べていけました。

もちろん、かつかつで、趣味や贅沢品とは無縁な生活。

しかし、こんな「低物価」「低賃金」でも、チャンスがありました。

なんと、予想外に、ケチな親父から「山を売ったから２００万円、相続代わりにあげる」という連絡が入りました。

ここが肝心です。

それを贅沢品、遊興費に使う人は、人生でお金や資産が増えることはありません。

私は、新婚から1年後、埼玉の与野市（当時、今はさいたま市）に一戸建ての分譲住宅を430万円で買いました。

あとから考えると粗悪な住宅でしたが、これが買い替え、買い替えで、三軒目には八王子の東急不動産分譲住宅2150万円になり、バブル時は6600万円に化けました。

ということで、お金は頑張って、ローンを組んで不動産を手に入れることで、「大化け」となるのです。

思いがけないお金、少しのお金でも、有効利用、浪費に回さなければ、大化けのチャンスをものに出来るのです。

この方式を頭に叩き込んでくださいね。

お金を増やすチャンスは突然やってくる

バブル崩壊。

これは、34年前の悪い出来事。

このように言われていますが、いまから考えてみると、「お金を増やすチャンス」「資産倍増のきっかけ」は、ある日、突然やってきます。

もちろん、バブルですから、膨らんで、萎むという流れになりますので、トータルで考えなければなりません。

しかし、目の前のチャンスを摑まなければ、住宅や株価が上がり、その恩恵を受けることもなく眺めていることになります。

私が、バブルの始まりで経験したのは、「四谷サンハイツ」という地下鉄丸ノ内線の四ツ谷駅近くの大通りに面した中古マンションに出会ったときでした。

その当時、たまたま中古マンションに興味があったので、情報を見たところ、６００万円で「競売物件が買える」ということでした。

競売という単語も知らなかった私ですが、不動産には、通常、売主が「売りたい」ということで情報に出てくるものと、所有者が何らかの事情でお金が返済できず「競売に付す」ということで、裁判所から情報が表に出てくるものがあります。

この競売物件は、われわれ素人にはあまり縁がなく、その道のプロである不動産業者が得意としています。

なんとなく、６００万円でそれなりのワンルームマンションが都心で買えるということで、ローンを組んで買ってみました。

買ってからは、中古のワンルームマンション相場に興味を持ち、調べ

ている と（当時はリクルートの住宅情報誌）、600万円のワンルームがあっという間に1000万円になってきたのです。

それも、3か月くらいで。

私は、400万円の差益を得るために売却しました。

まだ、中古マンションが値上がりしていることは、一般的に知られていない時でした。

私は、この動きに注目し、次に「トーア文京マンション」という30平方メートルのワンルームを800万円で買いました。

既に値動きを知っていたので、それを買って、1200万円で売りました。

これは、マンション高騰の初動で、その後に買った大規模なワンルームは2000万円で買ったものが3200万円で売れ、やがて、この物件は新しく建てられる都庁に近いということで、1億円まで値上がりしました。

いまから考えると、嘘みたいな話です。

そのころ、私はビジネス書を書いていましたので、「マンション投資」の入門書を書きました。

ところが、それが売れに売れ、リクルートの関連会社の編集長が私の小規模な事務所に、「マンション投資」の編集法について、教えを請いに来ました。

さらに、サラ金会社の社長、大学の教授が「マンション投資」についてのノウハウを求めてきました。

わずか600万円のワンルームマンション投資から始まった私の投資。

それが投資はもちろん、セミナー、相談業務、ノウハウ書の大量発行と、私の人生を変えていきました。

たまたま、勇気を出して求めた「競売物件」。それが私の「不動産投資家」としてのきっかけです。

その道で名を知られた私は「民放」などの有名番組で投資家としての出演要請が相次ぎ、一躍、時の人となっていったのです。

小さな中古マンションへの一歩が、私を大きく育てるきっかけとなったのです。

バブル時、成功と失敗の教訓

平成に入ってからのいわゆる「バブル経済」は、勇気ある人は、不動産、株式、事業展開、何でも、成功のチャンスがありました。

私も、たまたま、一つのワンルームマンションから、ファミリーマンションへと投資の幅を広げていき、ついには、当時住んでいた八王子市で「長者番付」に載ってしまった。

これは、納税の金額が多い人を発表する当時のやり方。

いまは、そのようなランクづけはやっていません。

どのような番付かと言えば、その年の納税額が多い人がナンバーワン。

私はたぶん、八王子市の上位10位には入っていました。

私は投資に夢中で気がつかなかったのですが、親戚の人が見たようです。

なんでこんなに納税したかと言えば、買っては売り、買っては売りの、マンション転売を繰り返していたからです。

本来、マンションなど不動産の購入・転売は、その数が多くなると「業にあたる」ということで、税務署から否定され、重い課税がなされるようです。

それは当時の顧問税理士から聞きました。

税務処理をする前にそのように指摘された私は、「バブル崩壊のリスク」を背景にして、税務署の統括官に「やむを得ない売買、処分」であることを了解してもらいました。

当然、申告書には、その旨を書き添え、無事申告できました。

この時点では、長者番付に載るくらいですから、相当な税金を支払ったと思います。

多額の納税をして考えたことがあります。この先は、長者番付に載るほどの税金は支払いたくないと思い、売ったマンションの金額と同じマンションを買えば課税されないという「事業用の買い替え資産」という方法を知り、「課税逃れの投資」を考えました。

しかし、この課税逃れの方法が私の「大失敗」のもとになりました。

当時、東京の不動産は天井付近であり、とてもリスクがあるので、一見、割安に見えた札幌、仙台の物件を、ローンを多額に組んで15物件くらいに分けて購入し、課税を回避しました。

ところが、札幌は価格は安いが、家賃も安い。空き室も多く出る。入居者の滞納も多い。

買ってみて、はじめて「買い替え」の厳しさを知りました。

そうしているうちに、バブル崩壊。

1000万円で買った札幌のワンルームは2000万円になり、2000万円で購入した物件は400万円に落ちました。

私は、幸い、東京で稼いだ利益を使わずに貯金していたので、売却時は、借入のローンも返済は困難ではありませんでした。

このようにして、バブル崩壊の「引き際」はローンを完済しながら撤退しました。

なので、当時は多く見られた「投資の失敗の破産」は免れました。

ここで重要なのは、儲けた投資の利益は無駄遣いしないことです。

投資ですから、リスクもあります。

なので、失敗を常に意識して「無駄な消費」を避けることです。

当時の東京、大阪、福岡などは、バブル時の消費で、銀座、赤坂、六本木のクラブなどで消費する習慣がありました。

私も付き合いで行きましたが、お酒は飲めないので、ほどほどにしていました。

バブルに踊らされ、消費を重ねた人は、私の知っている限り、トップセールスの不動産営業マン、マンションのオーナーなどが、次から次へと破産していきました。

私は、当時、著書の奥付に電話番号を記載していましたので、全国の医師、大学教授、経営者などの資産家から「不動産が値下がりした。どうしたらよいか」というような相談の電話が鳴りやまなかった。

好景気、バブルの後の地獄。

これは、大手の銀行や証券会社の破綻で、歴史に載っています。

「お金の哲学」で大切なのは、「浮かれない」「油断しない」ということです。

大きなチャンスの後には、大きなリスクがある。

これは「投資」という行動では、避けられないことであり、教訓です。

それが出来ない人は、関係のない他人を恨んだりします。
成功と失敗。
ここから、その先を行くには「失敗に学ぶ」ということです。
長者番付とバブル崩壊。
これは裏表の出来事です。
お金を増やす、運用する。
この背後には「リスク管理」の重要性を常に考え、用意することが必須です。

お金がお金を生む法則を知る

お金をどうやって増やすか。

誰もが知りたいスキルですが、「コツコツためる」というのは、種銭くらいです。

500円貯金というのがありますが、これはへそくり程度。貯まった、というような実感には程遠いのです。

そこで、どうするか。

それは企業ならどこでもやっている「借り入れ」です。

私は新婚1年後に一戸建てを買ったと書きましたが、普通ならばあり得ないやり方です。

渋谷区に住んでいた私が埼玉に買ったのは、7年返済の住宅担保のローンです。

当時、住宅ローンというのはありませんでしたから。何しろ、50年以上前の話です。

200万円の頭金で430万円の一戸建てを買いましたが、230万円のローンを借りなければ、いま私が住んでいる都心のマンションも、都心の資産運用のマンションもありません。

はじめて家を買い、ローンを支払うのは、それは至難の業でした。

何しろ、返済金額が私の給与に匹敵するからです。

幸い、妻の協力があり、返済はしていきましたが、「ローンを借りる」「とにかく買う」、この決断がなければ、マイホームは実現しませんでした。できない人も多いですが。

「買うか、借りるか」

このような議論がありますが、私は、不動産は資産なので、「買うべし」と言いたいところです。

私が八王子に住んでいたころ、仕事も順調になってきましたし、不動産投資をしていましたので、近くにあった三井住友銀行の支店長、副支店長がよく来てくれました。

銀行も「貸し出してナンボ」。

貯金を引き受けるだけでは利益が上がりません。

銀行とのお付き合いでローンを借り入れた私は、主に郊外のファミリーマンションを手に入れ、それを貸し出し、後に転売して差益を得ました。

それもこれも、銀行からの借り入れで増えていった私の資産です。

不動産や株式は、上手くやれば、どんどん増えていきます。

私は、5年前に都心にマンションを買い換えましたが、相場は、5年で二倍になっています。

ファミリーマンションの東京の値上がりはすさまじく、ものすごい値上がりです。

賃貸は、引っ越し自由ですが、このような資産効果は得られません。

私は、すでに80代。

さすがに住宅ローンは借りられないので、「ニコニコ現金払い」ですが、それでも、時の相場の値上がりで、保有資産を持つことは極めて重要です。

昔から、「持ち家」の人は信用力で有利ですが、持ち家、保有資産があると気持ち的に安定し、黙っていても資産価値が増えるという効果があります。

資産が増えるか、増えないかは、不動産でも分かりますが、その前に、少し厳しくても「買っておく」という決断がなければ、いつになっても、家賃を支払う、インフレを羨むということしか出来ません。

私は子供は娘一人、孫一人ですが、その住まいも、今のような億ションになる前に、購入の手助けをしました。

それは社宅のマンションを交渉で買う、売っていないものを買ってしまうという「離れ業」での入手です。

これは、たまたまの人脈で成し得たことですが、「不可能はない」、この私のポリシーで成し得たことでもあります。

何事でも、最初に「成し遂げる」という胆力があれば、資産もお金もガンガン増えます。

それが出来ないのは「やらないであきらめる」という考え方です。

なんでも、やってみて、活路を広げる。

このモチベーションが重要です。

お金が増えるか否か。それは、技術だけではなく、「やるだけやってみる」ことが重要。

最近は、ネット詐欺で大金を失う人が増えていますが、「誰かに頼る」「楽して想定外のリターンを望む」、この安易な考え方が、とんでもない被害のもとになるのです。

楽してお金が増えることはゼロです。

これは絶対なので、心に刻みましょう。

スピードがものをいう
買う時の決断

私は、いかに高いものでも、直感で「これは間違いない」と感じたときは、買うことにしています。

府中の狭い一戸建てを買い、埼玉から越してきたときは、隣の家が火事になり、また、同じ小さな分譲住宅も、火災で全焼。

これはリスクが大きすぎると感じた私は、府中から20分くらいの京王線北野駅から徒歩圏に、東急不動産が大々的な分譲住宅の販売を始めたことを知りました。

土地は60坪、家は3LDKで、広い庭。

申し分ありませんでした。

価格は2150万円。

当時の土曜日（半ドンという午後は休みの日）、スマホもない時代、妻に連絡していてはチャンスを逃すので、いくつかの区画のなかで、気に入った物件に「仮申し込み」をしました。

これを妻に報告すると、

「半ドンで家を買うのか」

このように呆れられました（笑）。

当然ですよね。

多額のローンが発生する分譲住宅を、瞬間的な判断で、ほとんどの人は決められないと思います。

これが、のちに6600万円で売却したマイホームでした。

妻も、私の判断を自分も見なければ承認できないと、翌日、日曜日に見に行きました。

その時は、私と妻と、幼稚園入園前の一人娘。

妻は、府中とはかけ離れた本格的な分譲住宅を前にして、「ＯＫ」を出しました。

ここは後から分かったのですが、都内からの移転者が多く、生活レベルも高いので、住環境としては、最適でした。

もちろん、都心からの距離はありますので、新宿など都心の事務所に通うのは時間がかかりますが、子育て、近所付き合い、小学校などのレベルは高く、結果良しでした。

バブル前の移転でしたので、相場はぐんぐん上がり、のちに、横浜市青葉区に移転するときは、３倍以上の６６００万円で売却できました。

どんなに大きな買い物でも、価値のあるものは、のんびり考えていればなくなってしまいます。

買うかどうかの決断は、早い方が良い時があります。

長く考えて、良好な決断が出来るとは限りません。

「善は急げ」

これが私の立ち位置。

その判断が、資産を大化けさせることにつながるのです。

バブル真っただ中の別荘マンションの失敗

35年前、平成元年は、昭和64年。

この年は、バブルの真っ最中です。私は当時は、働き盛りの49歳（年収700万円）でした。

ひどいパワハラ上司と決別すべく、新聞記者（政党機関紙）を退社して二年後。

私は解放感で仕事が順調に行き、年収は軽く2000万円はありました。

世の中は、株と土地、経済は好調の真っ最中です。

当時、デベロッパーが「リゾートマンション」をどこでも開発し、「リゾートブーム」になっていました。

私の家庭でも、女の子一人の三人家族。

たまには、非日常が欲しいとばかりに、東急不動産が分譲した山中湖のリゾートマンションを３２００万円で購入しました。

テニス村を通過したその先の小高い立地のマンションが気に入り、広めの１ＬＤＫで、友人の家族も招ける最高のシチュエーションでした。

眼下にはテニス村、その先に山中湖、遠くに富士山が見えるリゾート。最高でした。

室内には、多くの家族が泊まれる寝具はもちろん、カラオケの設備も備えられて、大自然に囲まれてのバカンスは最高でした。

ただ、車での移動は、運転が苦手な私の代わりに、妻が担当していました。

私より６歳下なので、当時43歳。

運転が大好きな妻は、私が参加しない時でも友人を誘い、さっそうと山中湖に行っていました。

しかし、11年後、2000年の年明けに、妻が乳がんの末期で治療もむなしく、この世を去りました。

ちょうど、ITバブル崩壊の真っ最中でした。

リゾートは、車の移動が普通です。

私は運転が苦手なので、山中湖に行くのは、長女だけになりました。

その時のマンションの共益費は3万6000円。

行かなくても、使わなくても、毎月3万6000円は口座から天引きされます。

バブル崩壊で、仕事の勢いも落ちて苦労していたときであり、妻もいなくなって落ち込んでいたその時は、別荘地に行くような心境でもなく、売却を考えました。

その時に知ったのは、マイホームの値段は下がっても半値くらいですが、必要不可欠ではないリゾートマンションの相場は急落。

なんと、値が付かない、タダでも買い手がいない状況になりました。

結果的に、分譲主の東急不動産が100万円で買ってくれましたので、購入時の3200万円からすれば、100万円の売却では3100万円の損です。

恐ろしいもので、必要不可欠ではない不動産は、需要がないので、「暴落」でした。

もちろん、このマンションの購入ではローンを借りていましたので、残債が残りました。

ローンとは言っても、リゾートマンションには銀行は貸し付けはしなくて、結果的に貸し付けの担保は、自宅の一戸建てになりました。

なので、リゾートマンションを処分してもローンは残り、返済は自宅の売却時となります。

このように、時代がバブル崩壊となり、家族構成が「妻無し」となると、必要ではない不動産となります。

もちろん、余裕があれば保有していれば良いのですが、欲しかった、使い勝手が良かったと言っていた妻が亡くなっては「無用の長物」です。

このように、時代の流れ、一時の夢で買ったリゾートマンションも、家族の崩壊で、3100万円の損となったのです。

そのほかにも、マンションには、様々な備品にお金をかけましたので、4000万円くらいの損失になります。

バブル崩壊を生き抜いた私ですが、これは、北海道のマンション投資と並び、痛い失敗でした。

インフレと資産の関係を知っておきたい

いま、金が高騰していますが、資産と言えば、不動産、金が代表的ですね。貯金だけだと、インフレが亢進したときに、交換対象の手段としての価値はどんどん下がります。

例えば、いま、東京のファミリーマンションは、新築では1億円超します。夫婦でペアローンを組んでも大変です。

これも、円安と同じように、海外の人からすれば、日本の不動産が割安になっているからです。

中国などは、不動産不況で難しい時代になっていますが、日本の不動産を買えば、安心して住めるということで、資産を売却し、ファミリーマンションを、日本の、それも東京の一等地に買い、資産価値も上がっています。

預金だけではなく、不動産にすることで、インフレに連動することが出来るのです。

意を決して買った人は、インフレに連動していけますが、借りている人は、取り残されてしまう可能性があります。

もちろん、買うとなれば高額なローンを組むことになるので、違った意味でのリスクを抱えることになります。

私は、新婚間もなくして、一戸建てをローンを使って買いました。その代わり、節約を余儀なくされ、我慢の生活を強いられました。

しかし、85歳のいま、私は家賃なしで生活できますので、不安がありません。

もし、マイホームを持たないまま年金生活に入るとすれば、それだけで、年金の半分は家賃に消えてしまいます。

さらに、60歳、70歳になってマイホームを買うのは、ローンの返済期限からして、現実的ではありません。

若いうちは、多少苦労しても、若さがあるので、耐えられるし、副収入のみちを開拓する方法もありますので、何とかなります。

これが、年齢を重ねるに従い、収入や働き方の柔軟性、対応力の難しさが募りますので、いまのうちに、60代、70代、80代を考えて、賢明な資産対策の行動をとることを勧めます。

年を重ねてから「他を羨む」「自分を卑下する」というのは、自己責任という立場からは、褒められたことではありません。

可能なうちに、資産管理、良いお金の使い方をしたいものです。

お金との付き合い方は、自分に課せられた一生の課題であり、勇気を出して、計画し、決断するのが望ましいことです。

第3章

お金を稼ぐ知恵・貯める知恵

自分の得意なことを武器にしよう

サラリーマンとして、少ない給与をもらい、結婚したくてもプロポーズも出来ない状況は悲しいことです。

私が結婚したいとプロポーズをしたときも、収入には自信がありませんでした。

しかし、そのときは自信や裏付けがなくても、将来的に可能性があれば、自信をもって、勇気ある申し込みは出来るはずです。

私が結婚を視野に、妻である彼女に申し込んだときは、アパート代の家賃も支払うのがおぼつかない状況でした。

しかし、私には「文章では負けない」という自負がありました。

力仕事や、営業の仕事では自信がありませんが、アイディア勝負でパソコンに向かう事でしたら、大丈夫でした。

さらに、書き始めたら止まらないという集中力も大丈夫でした。

ある時、「マンション管理士一発合格」という書籍の執筆を版元から頼まれたことがあります。

それは私が書く速さでは誰にも負けないという実績があったからです。

なぜ、速さが求められたのか。

それは、その年の10月に国家試験が迫っており、7月の時点でそのテキストが売れている、参考書の売れ行きが良いという背景があり、時間限定で本を出そうという事情があったからです。

8月に売り出して、10月までに売り切る。

いかに版元が、売りたい、儲けたいとは言え、わずかの期間で本にして、書店に並べるのは、期限があり、３か月もかけて書くのでは間に合わないのです。
そこで、書くことの速さでは引けを取らない私にお鉢が回ってきました。
私は依頼されて、資料の読破も含めて、１か月で書き上げました。
誰にも出来ない速さです。
誰にも、「これは負けない」という特技があるはずです。
ニコニコの接客では負けない。
運転は任せてくれ。
ＷＥＢの製作は負けない。
などなど。
重要なのは、「負ける気がしない」「必ず勝てる」という仕事で勝負することです。

そこに、注文が舞い込み、ペイが発生します。

さらに、安定的な収入が約束されます。

嫌なこと、苦手なことで、ストレスをため込むのは賢明ではありません。

好きなこと、得意なことで勝負するのは楽しいこと、負ける気がしない。

この土俵で闘いましょう。

それがお金を手に入れ、安定的な生活、貯蓄をするための基本です。

もともと、体力に自信がない私ですが、いま、こうして85歳でも仕事をもらい、期待されているのは、好きなこと、得意なことで勝負してきたことに要因があるのです。

お金は学び、苦労した分、リターンがある

「俺は、私はお金に縁がない」

このように考える人は少なくはないと考えます。

そこで、マイナス思考にならない習慣について書きます。

「努力は嘘はつかない」

これは多くの人がいう言葉ですが、お金についても同じです。

「収入が少ない」

「事業が上手くいかない」

このマイナスの考えをする前に、自分がどれだけの前向きな努力をしたのか、検証すると良いと思います。

「お金が欲しい」ということで、年代、性別を問わず、様々な努力や試行錯誤をするのが現実です。

ただ、私が考えるには、「安易な考え」でお金を得ようとするのは、結果的に良くないということです。

例えば、スキルがないのにお金を得たという場合には、マイナス面が半端ではありません。

詐欺や強盗とは言いませんが、「夢を買う」ということで、宝くじ売り場に並んで、幸運にも億の金を得た場合について考えてみましょう。

私が聞いたり、調べた例では、大金を能力に関係なく得た場合、それを使い果たした後には、悲惨な生活や人生が待っているということが言えます。

たまたま、幸運にも手にした1億円は、「どのように使うか」ということを考えがちですが、そのお金は「くじ」で得たのであり、スキルで得たものではありません。

スキル無くして得たお金は、使い果たした後には、「使う」習慣は残りますが、「得る」ノウハウは、残りません。

これは極めて厄介です。

人生はいつ終わるか分かりませんが、最後の最後まで、満足で、心残りない生活を送るには、それにふさわしい収入の道がなければなりません。

年金は、最低限度の生活を送るために国が定めたもので、生きるのは困らないでしょう。

しかし、年金生活で「豊かな老後」と考える人は少ないと思います。

とくに、日本は人口減少の流れにあります。

そうなると、若い現役の人が多くの年寄りを支えなければならないのが年金の仕組みです。

それでは不安があるということで、個人年金に加入し、備えている人が増えていますが、これは年金を販売する生保などのビジネスです。

備えとしては好感が持てますが、経済にはインフレというものがあります。

それに備えなければなりません。

ということは、今現在、どれだけの収入があるかという「リアルタイム」の経済状況の把握が必要です。

そこで重要なのが、いま、これだけ稼げる、というスキルを持っているかです。

つまり、収入を得るための能力、資格、技術の裏付けが重要です。

もちろん、健康に問題がなければ、最低賃金で設定されているパートやアルバイトで、その場しのぎは出来ます。

しかし、これは「最低」という国が決めた賃金。

物価高騰に耐えられるとは限りません。

なので、若ければ若いほど、自分の一生使えるスキルを身につけることを祈ります。

「若いから価値がある」

「若さで得られるお金」

これで、目の前の収入を求める考え方は実に危ういのです。

歳を重ねても、収入を得るだけの裏付けのある自分になることを考えましょう。

貧しい人と富める人の差は何か

この本の本題である「富める人と、貧しい人」の差は何でしょうか。

私の生涯からするならば、私は、実に貧しく、結婚しても妻の助けで生きていたときもありました。

反面、年収2000万円、5000万円の時もあります。

高校を卒業し、夜学に通っていたときは、ぼろぼろの靴と洋服でした。

しかし、独立して、仕事が増えてからは、そこそこ裕福に暮らしてきました。

現在も、お陰さまで1000万円はくだらない年収で不満ではありません。

そこで、私の中での貧乏と富める時期の背景や状況はどうなのか。

貧しい時は、もちろん、若い時、スキルのない時でした。

また、就職し、サラリーで生きていて、自分ではどうにもならない時です。

世の中の不景気や給与水準で生きていたときです。

反面、収入が増えてきたときは、独立開業したとき。

自分のアイディアや能力が発揮されていたときです。

収入に不満のある人はいくらでもいると考えますが、それは、最低賃金や勤め先の給与、年金などのどうにもならない状況で生きているときです。

もう一つ言えば、他人、環境に頼っている状況です。

しかし、他人にばかり頼らず、自らの努力、アイディアで生きていけば、今よりも望ましい収入を得ることは可能です。

人にばかり頼れば、相手は経費は使いたくない、なるべく割安であなたを使いたいというのが普通です。

それに対して、事業でも、仕事、お店でも、他にはない魅力があれば、それ相応のリターンが得られるはずです。

そこで言いたいのは、「他人に頼らない」で、自分なりの価値を生み出すということです。

その挑戦、努力に、一段上の報酬があることを知っておきたい。

サラ金の利息を上回る投資はあり得ない

お金を増やすということは、言うは易く、行うのは難しい。

時々、私の事務所を訪ねる「X」のフォロワーさんがいる。

その人は40代ですが、まだ独身です。

婚活はしているようですが、なかなか、付き合う、結婚するところまでは、遠いようです。

仕事は気象予報士。

立派なお仕事です。

一途な性格で、人当たりも良い人。

私は、代金はいらないから、来たければ、事務所に来て相談してもいいよと言ってあります。
ただ、婚活で成功しない理由を不思議に思い、「貯金はしている？」
と聞きました。
そうすると、
「なかなか出来ません」
「正直、全くしていません」
という事。
それはだめだね。
貯金もない男では、女性は安心できないし、頼っては来ないよ。
このように、アドバイスしました。
貯金の方法として、給与をもらい、余ったら通帳に入れるのではなく、
給与が入ったら、3万円でも、5万円でも強制的に貯金しなさい。
どうしても足りなくなったら、5000円、7000円と引き出せば

よい。

このように言うと、

「確かに、余ることはないですね」

ということで、彼は、翌月から、それを実行しました。

多分、堅実にお金を使い、貯めて、彼女が出来て、結婚の報告が来ると確信しています。

それとは反対に、ギャンブル依存症になり、ついにはサラ金に手を出して、借金の山を築くのは絶対にやめなければなりません。

街に「サラ金」の広告があふれていることから、サラ金生活をしている人がいかに多いかが分かります。

私の知人に、「過払い金で1000万円戻った」と喜ぶ人がいましたが、一体、いくら借りたんだ、いくら利息を払ったんだと驚きました。

そういう人の生活は、いくつになっても、マイホームはおろか、税金の支払いも滞納で、税務署から催告の日々。

困ったものです。

サラ金の利息を支払って、なおかつ、有利な事業や、ギャンブルの成功はありません。

私の知り合いの社長に、事業の資金繰りに行き詰まり、高利の街金に手を出し、ストレスから命を落とした人がいます。

また、もう一人の会社の専務は、闇金でお金を借りて、催促の心労から、胃に穴が開き、苦悶しました。

その時に、街金の親玉に助けられ、街金で働くようになりました。

私は、その会社に2000万円の未払い金を抱えていましたが、そのうちに、連絡がつかなくなりました。

高齢でしたので、今はどうなったのか。

知るよしもありません。

事業をしていてもこういうこともありますが、想定内です。

サラ金に手を出すような考え方で、幸せで、悠々自適な生活はありません。

これだけは心得て、地道にお金は積み上げ、その範囲で消費することを勧めます。

世の中に、サラ金の利息に勝る「投資話」など100%ありません。

自己資金、貯蓄があるという安心感が人生を変える

人生で、安定した礎を築くことは、極めて重要なことです。
それは人のつながりや仕事にもまして重要なことです。
資金、お金の裏付けは、何とも言えない余裕を与えてくれる。
そのために、人は少しの無理をしてでも、節約をし、いくらかの預金をする。
人により、１００万円もある人もいれば、毎月、収入を使い切ってしまう人。
更には、マイナスの収入、すなわち、借金漬けの人。
それぞれです。

ただ、言えることは、いくらかのお金があるという背景が生き方、生活に余裕を与えてくれる。

もう少し言えば、1万円の現金がある人と、1万円の借金がある人とでは、単に2万円の違いがあるだけではない。

マイナス1万円は、その先に、マイナス2万円、10万円の可能性があります。

一方で、プラスの資産は、1万円から3万円、10万円となる可能性があります。

この差に気付かないといけないのです。

「お金を貯める」とは言っても、巨額のお金を増やさないといけないわけではないのです。

他でも書きましたが、私が八王子の住宅地に新築の分譲地を購入した後、私は目いっぱい住宅ローンを借りたため、なんと、昼の食費も含めて一か月のお小遣いは1万円でした。

それで足りるわけでもなく、私は、投書・投稿で1万円、2万円を稼いで、やがて来るであろうベースアップや収入の増加の時を待ちました。

お金が足りないから何とかしないとならない。

このハングリーな立場にいるときは、不思議と前向きとなり、思いがけない収入増となります。

「バカの壁」（養老孟司著）という本がありますが、人というのは、希望や目標がないと、深層心理で「そんなに稼がなくていい」というような気持ちがあります。

しかし、何とか収入を増やさないとならない、どうにもならない。

この立ち位置があれば、それに向かって努力するものです。

「満足」「困らない」

この環境には、もう一段の頑張り、努力はあり得ません。

私は考えてみれば、いつもいつも、ぎりぎりの計画でマイホームを買い、そのために、頑張って収入増の方策を考えます。

「逆境」「足りない」

この環境や条件が、一段上を目指すことになります。

満足の環境には、大したことは生まれません。

安心の財政条件を手に入れたければ、それなりの努力をし、目標や現状打開のために、ひと汗も二汗も流すべきです。

それが、「お金の哲学」の基本です。

遺伝子、性格とお金がたまるあり方は

人間には、生まれつき、お金の使い方について、だらしない、浪費家というのと、つましい人に分かれるようです。

私の妻は早く亡くなりましたが、年収2000万円から5000万円という私の収入にもかかわらず、乳がんで亡くなったときは、200万円くらいしか、貯金がありませんでした。

どうやら、高額な茶器やアクセサリー、着物などに消費していたようです。

彼女は子供のころから、周りからお小遣いをもらって祭りに出かけると、全て消費していたようです。

私の家は、家計や会社の経理、全て妻に任せていました。

私は、仕事はするが、経理などの細かいことは苦手だったので、結果的に好き勝手に使ったようです。

それはそれで、短い人生構いませんが、言いたいのは、「お金がたまる性格」「たまらない性格」というのがあるようです。

そこで、お金をコツコツ貯めたい家庭ならば、貯めるのが得意な人がお金の管理をすべきです。

浪費家という性格の人は、いかに頑張っても、ついつい、お金を使ってしまうようです。

私の知り合いに、若くまじめな男性がいますが、貯金はゼロ。

なぜなのか？

こう聞きましたら、毎月、余ったものを貯金したいと考えているが、余るどころか、赤字になるとのこと。

それに対して、月末にお金が足りなくなったらおろしてもよいので、給与が出たら、とりあえず5万円貯金しなさいとアドバイスしました。

そうしたら、途端にケチになり、貯めるのが楽しくなり、私のところにも来なくなりました。

結果的に良い方向に動き、念願の結婚相手も見つかるかもしれませんが、お金は性格と習慣の問題なので、貯まるような決まりを持つことが望ましいと考えます。

背伸びしすぎるお付き合いはしない

交際費というのがありますが、企業でも個人でも、これは結構な重荷になります。

とくに、個人間のお付き合いは、収入に差があると、結構な負担になります。

私は、ゴルフで、上手な男性と一緒に、茨城県北部のゴルフ場に度々、プレーに行った経験があります。

その時は、朝の5時半という早い時間に友人が迎えに来るので、少なくとも4時には起きていなければなりませんでした。

更に、交通費はもちろん、ガソリン代まで負担することに。

彼はガソリン代でプレー代を賄うので、何か不平等な感じがありました。

腕は、ダントツで先方が上手いので、あまり楽しかった覚えはありません。

今は、私がプレーを教えて、プレー代金を支払うスタンスですが、自分のコースなので、むしろ楽しいという思いがあります。

前は、交通費とガソリン代で1万円。

今は、プレー代とキャディ代金までもってのプレー。

明らかに後者の負担が重いのですが、今の方が楽しいのは、私に収入が増えて、「負担感がない」という事なのです。

交際費、ゴルフ代金。

これは負担感がありますが、その感覚は収入により違います。

ここで思うのは、お金の使い方、負担感は、収入により全く違うということです。

そのために、重荷にならない範囲で交際費は使う。負担感が重く感じたら、そのお付き合いは良いことはないので、やめにするのが賢明です。楽しくもないのに、付き合う、負担するというのは、良いことはありません。

負担しても問題がないというスタンスであれば、金額の多い、少ないではなく、楽しい方法で納得すればいいのではないかと考えます。

第4章

お金を守る知恵

銀行は預金者の味方とは限らない

銀行と言えば、信用があり、厳格な印象があります。

しかし、これは間違いです。

銀行の営業マンや支店長は、移転の辞令が出ると、一週間以内に引っ越しをするのが通例です。

この本当の理由は、顧客に何らかの迷惑やトラブルを与えたときに「その者は転勤しました」と、逃げるためです（多分）。

もちろん、このようなことを書くと「それは名誉棄損」と強がるかもしれません。

しかし、私は多くの銀行マンや支店長、副支店長との繋がりがあり、食事をしたりなどの気の置けないお付き合いをした中で、これが「現実に近いこと」であることを知っています。

銀行は、大口や富裕層、確かなサラリーマンを相手にして「いかに貸すか」という商売です。

貸し付けた者から金利を取り、無難に商売をするのが通例です。

バブルのころに、私の家には、支店長が盛んに来ました。

用事は、新設のゴルフ会員権を買わないか、ということ。

「お客様には優先的に、販売します」

その際は、7000万円の価格に対して、6800万円まで貸し付けるので、値上がりのチャンスがあります。

このような営業です。

そのゴルフ場は茨城県で、おそらく、今は700万円くらい。10分の1でしょう。

当時、私はゴルフはしていなかったので、「せっかくですが、いりません」とお断りしました。

ところが、彼はあきらめないで、今度は、

「山梨県に6000万円のコースを売り出すので、どうでしょうか？」

このように言ってきました。

不動産や株式投資をしていた私は、もし、ゴルフに夢中であれば、買っていたかもしれません。

しかし、当時不整脈を抱えていた私は、ラウンドは出来ませんので、断りました。

多分、このコースは、今は300万円くらいかもしれません。

このように、銀行は儲けるために貸し付けるので、その後の事は責任がありません。

当時、銀行マンが節税目的と言っては、地主にアパート、マンションの建設を勧め、多額の貸し付けをしていたのを知っています。

これで、問題があったり、値下がりしても、銀行に文句を言うタイミングでは「すみません、○○は転勤しています」という反応が来るだけです。

いま、新NISAで、銀行は、投資の初心者向けに様々な商品を販売していますが、これらは「リスク商品」。

用心が大切です。

NISAではなくても、外貨預金などを販売していますが、外貨も変動のリスクがあります。

ゴルフ会員権、アパート・マンション、投資信託を買うのは自由ですが、「リスクがある」ということだけは知りましょう。

銀行が販売するときは、プラス面は言いますが、マイナス面、すなわち、元本割れのことは大声では言わないのです。

銀行を信じ、相手にされることで、浮かれて投資しないようにしましょうね。

もし、投資するにしても「自己責任」で「リスク管理」をしっかりとしましょう。

「借りればいい」という安易な考えにチャンスなし

資金を借りて資産を増やすためには、投資対象の運用の方法をしっかりと見極めないといけません。

バブルのころ、歌手の千昌夫さんが土地やマンション、果ては香港のホテルまで買いまくり、歌手は二の次にして、実業家として名をはせた話がありましたが、最終的には、巨額の借金を作ったのを知りました。その後に、歌手に復帰しました。

財を成す、資産を作るというのは、流れに乗って、お金を借りて、次から次へと不動産を増やしていくだけでは、限界があります。

お金を借りて資産を増やす、成功するためには、単に、バブルの流れに乗って、資産を買いまくるのではなく、モノを作る、ノウハウを蓄積するというような多角的な事業に乗り出して、バブル経済に負けないビジネスを打ち立てる必要があります。

もし、不動産や株式で資産を増やすならば、ローン無しで積み上げる必要があります。

リスクのあるもの、値動きのあるものに特化すれば、景気や経済の逆回転で、しまいには借金の山になります。

そうではなく、誰にもできないオンリーワンのビジネス、時代の先を行くお仕事で、盤石な立場を築くことが大切です。

日本特有の総合商社は、何があっても、行き詰まることは少ないのです。

それは、時代に合わないビジネスは撤退し、今後、期待できる分野に資金を投じる方法が、衰退しないスタイルだからです。

その意味では、生き延びられる方法や事業展開を自分なりに築いていく考え方が必要です。

例えばアパホテルの躍進の元はこうです。不景気の時に、「投げ売り物件」や、倒産に近いホテルを買い漁り、リニューアルして、アパの名称を各地でつけていく。

そして、温泉などの付加価値をつけて、お客を募る。

そうして、インバウンドの流れで部屋代を上げて、高い収益にしていく。

これは「逆張り」の経営であり、誰もが逆風の時に積極的に投資し、広げていく。

もちろん、投げ売りの物件は銀行の融資で買い集めますが、今では、何倍もの収益を上げているようです。

いま、マンションは、東京では「億ション」が当たり前のファミリータイプが主流ですが、このような時に、ローンを借りて資産を手に入れるのは、リスクが多すぎます。

高いから買おう。

早くしないと買えない。

このように慌てないで、意外と動いていない地域、交通の便が少し悪いところに、割安の物件を見つけましょう。

「流れの逆を行く」

この発想が、ローンを借りて資産を手に入れるために重要な方法です。

怪しいグループの指南でお金を減らすな

資産運用を成功させるためには、その環境も重要です。

ネットには、様々な「投資教室」の宣伝があります。

ただ、いかにも有利な運用の方法を説くサイトや教室には、いかさまなものが多いことがありますので、用心が必要です。

いかにも、「私のところに来れば、資産10倍」とか、「あなたのやり方は間違っている」というような言い方で、「もしかしたら、増やせるかも」というような淡い期待を持たせ、結果的に、基本も教えてくれず、逆に大損をすることが多いのが、ネットの現状です。

お金の増やし方で、誰かを頼る、参考にするのは構いませんが、「投資とは何か」というような基本も分からないまま、「この株を買え」というような煽りで参加するのは、墓穴を掘るだけで、何の成長も成果もありません。

「○○の言う事で、大儲けした」

これは嘘です。

そんなに簡単に儲かるならば、会員をネットで宣伝しないで、自分で運用して、巨万の富を得れば良いだけの話です。

しかし、プロの大口投資家でさえ、プラスの運用をするのは難しいどころか、含み損を抱える例も多いのです。

絶対に損が出来ない日本の年金基金の運用は、投資専門の金融機関が請け負いますが、目標は大体2％程度の含み益です。

これを達成できれば良しとしています。

日銀は株価が暴落したときに、相場をＥＴＦで買い支えてきましたが、その含み益は巨額です。

既に、運用利回りは200兆円を超えており、1・7%の含み益という最低目標をはるかに超えています。

これは長期投資で、日本経済の好調や日経平均の上昇とともに増えてきたわけで、相場環境が良い時は、誰に頼らなくても、自然に増えるのです。

もっとも、経済が悪化したり、地政学の極端なリスクがある時は、株価は暴落し、評価損も膨らみます。

世界経済は毎年成長しており、当然、日本経済も好調です。

なので、毎月一定の金額を株式投資に回せば、それなりの成果が上がります。

勉強家でスキルを上げるのは問題ありませんが、「これを買えば儲かる」というような怪しいグループの宣伝は信用してはなりません。

投資は自己責任ですが、リスクのあるものは、それをわきまえて、厳選した対象にお金を託すようにしましょうね。

例えば、日本の防衛に大切な三菱重工に投資してお金を失うことはあり得ません。もちろん、変動はありますが。

株式投資や投資信託は、優良企業を対象にすれば、それなりの成果が上がるものです。

予期せぬリスクがあることを心得ておく

お金の貯え、運用は、現在の生活はもちろん、来年、再来年、更には将来の生活に備えるために行います。

その意味では毎月の収入、給与は、生きていくには困らないというだけでは極めて不安です。

私たちは、生きているだけで、事故、病気、身内の不幸など様々なことに遭遇します。

また、若い人は結婚、育児、教育という出費があります。

それは、毎日、食べて、生きていく、これを上回る必要経費です。

現在、日本が少子化が止まらないのは、結婚する、子供を産む、これに対する資金や裏付けが少なく、不安である、これに帰着します。

その意味で、幸せな結婚、子育て、教育に必要な資金を考えないと、普通の生き方が出来ません。

私が生まれたころは、「軍事ニッポン、産めよ殖やせよ」で、一家に5人、6人兄弟は普通でした。

しかし、産むだけで、教育もなければ進学もない、周りが育ててくれるということで、将来を考える余裕もなく、国の掲げる「産む」ことに集中していました。

しかし、今は違います。

産めば、教育が負担になります。

昔のような「村社会」「隣同士」という繋がりもなく、孤立している環境です。

自分の子供の幸せや将来を考えるならば、塾、習い事は普通になります。

産んだ子供のために、備えをしておきたいと考えるのは「親心」。そこに、経済的な負担があるからと言って、その日暮らしで生きていくわけにはいかないのです。

私は、昔生まれなので、塾も習い事もありませんでした。それどころか、高校より上の高度な教育は、自分が独自で負担して生きてきました。

スキルを身につけるために、自分自身で頑張ってきたのです。

今の時代の人たちにそうせよとは言いませんが、どの時代でも、用意万端を考えるならば、人一倍の努力が必要であることを強調したいのです。

「自分が能力がないのは親のせい」

「育った環境が悪かった」

これは、負け惜しみでしかないのです。

出来るだけ優位な立場にいたいならば、自分の頑張りでその裏付けを身につけなければなりません。

他人に責任を押し付けるのは簡単です。

しかし、それでは物事は解決しません。

最近の若い人の負担と言えば、「奨学金の返済」です。

しかし、それは自分が借りたものであり、負担を嘆いてもどうにもなりません。

私も苦学ですが、親は経済的に困ってはおらず、奨学金の借り入れの審査の基準に達しておらず、借入も出来ませんでした。

借りたくても借りられないという「不運」でしょうか。

なので、４年間の大学の教育費は、自分が働いて負担してきました。

嘆く前に、返済の負担をいう前に、得られた借り入れを返済する義務を考えてから行動すべきです。
それがお金の本質なのです。
甘えは許されることではありません。人生にはもっと大変な負担があるのですから。

詐欺や騙しに遭わないための心得

テレビなどで盛んに「詐欺に注意」という告知をしていますが、一向に減りませんね。

詐欺には「恐怖」「不安」を煽る手口がありますが、もう一つは「得するかも」という人間の気持ちを利用したものがあります。

例えば、還付金。これは「2000円戻りますから、ATMへ」というような手口で銀行のATMに誘導し、お金を戻すのではなく、詐欺犯の指定の口座に振り込ませてしまうのです。

私も、近くのATMで、老婦の振り込みを阻止した経験があります。

三井住友のATMに行ったときに、若い女性が老婦に対して何か言っているのを目撃しました。老婦の手にしているメモを見ると、１８００円というような金額が書かれ、何やら、還付金と見ました。しかも、スマホで男性の指示を受けている真っ最中。

私は、同意を得た後にそのスマホの電源を切り、「ご主人へ相談してからにしてください」と、その場の振り込みを阻止しました。

いま、ネット、電話で、盛んに詐欺が横行しています。

この手口は「得する」「儲かる」というものが多い。

しかし、ネットなどで、無料で簡単に儲かる話はあり得ません。

私はメールマガジンを配信していますが、「欲しい」と言うので、送信すると「無料ではないのですか？」というような質問が多く来ます。

無料で得する情報が得られるという安易な考えですが、「あわよくば、得したい、儲けたい」という安易な考えに、「悪の行動、情報」が潜んでいます。

「ひどい目に遭った」「損した」という被害者の声を聞きますが、その中に「楽して儲けたい」「タダで、良い情報を得たい」という安易な考えの人がなんと多いことか。

私の事務所では、月に一回の頻度で、少人数の勉強会を行っていますが、近隣からの参加者は割合少なく、札幌、山形、仙台、大阪、岡山、奈良などからの、熱心な受講者が目立ちます。

「得しよう」「楽しよう」との考えの結果は、逆に大損をしてしまうのが現実です。

上手くお金を増やしたい、チャンスを得たいとの気持ちは分かりますが、楽して、タダでチャンスを得るのは、難しいです。

ネット検索や、書店での情報でも、最終的な取捨選択は自分次第。この基本的な情報選択の仕方を間違わない様にしたいです。

最近は、ネット詐欺が横行しています。

危ない「ペアローン」の落とし穴

最近、東京、大阪など、大都市のマンションの高騰がすさまじく、億単位の物件が当たり前になっています。

バブルかどうかは結論づけられませんが、日本人だけではなく、円安も重なって、日本の不動産物件の取得が一種の投資にもなっているので、買主は、海外の富裕層、投資家も参戦していて、日本の実需のサラリーマンなどは、追い付いていけません。

しかし、マイホームは欲しいので、都心部では、億を超えるファミリーマンションが飛ぶように売れています。

夫婦の家族が住む場合、夫だけの年収でローンを借りるには限度があります。

そこで、銀行が目を付けたのは、夫婦二人ともが働き、年収がある家族に目を付けた「ペアローン」です。

二人の年収を合わせれば、約二倍の住宅ローンを組むことが可能で、億ションでも手が出せるという事なのです。

もちろん、普通のサラリーマンでは買えませんが、年収の多い富裕層の家族であれば、将来の資産価値も踏まえて、購入する道もあるわけです。

しかし、これには、多くのリスクを考えなければなりません。

そのリスクを言えば、

・健康面のリスクで、どちらかが働けなくなった場合

・子供が生まれて、妻に正社員としての勤務が困難となり、ローンの返済が厳しくなる状況

・健康や子育てに問題がなくても、勤める会社のどちらかに経営不振や
　人員整理があった時の問題

手早く言えば、銀行が「ペアローン、どうですか?」と美味しそうなことを言ってきても、安易に手を出すのは、疑問があります。

貸してくれるならば、買いたい。

この気持ちは分かりますが、銀行は購入対象のマンションを抵当に入れますので、リスクは少ないのです。

しかし、借りる側は、支払い不能となったときに、せっかくの不動産を手放さなくてはならない可能性があります。

銀行は、貸し出すリスクも考え、計算に入れて、なおかつ、損をしない方法で、ローンの商品を出しています。

マイホームが欲しい。

なので、夫婦合算で借りられる良い方法があれば、確保したい。

この気持ちを駆り立てられます。

億に達するローンの借り入れは、銀行が貸すのだから問題はないだろう、との考え方もあり、すでに結構な人数の人が借り入れて購入しています。

しかし、「可能」イコール問題がない、という事にはならないので、十二分に考えて行動しましょう。

博打やギャンブルは不幸の元だ

私は某政党機関誌の部長職にいましたが、その部下に、競馬狂いの男がいました。

博打をやるとこうなるという見本ですが、仕事は上の空、最終的には、職場の机の上にあったカメラを何台も盗んで金に換える。

最後には、職を失いました。

素敵な女性と職場結婚していましたが、家庭はめちゃくちゃで彼女が可哀そうです。

もともと、ギャンブルにハマっていたわけではなく、G1の競馬を楽しんでいましたが、むきになり、失ったお金を取り返そうと、大きなお金をつぎ込む。

終いには、ウィークディに地方競馬を勤務中に渡り歩き、どうにもならない借金を増やしてしまいました。

競馬・競輪の類は、一定のお金で楽しむ程度がいいので、財産をかけるほどのことではありません。

なぜなら、競馬などは、運営する側が資金を使い、公共事業などに充てるものであり、宝くじと同じように、トータルで儲かるものではないからです。

上手く稼いでも、継続的にやっていれば、損が拡大するのが当たり前のギャンブルです。

私の友人や知人もやっていましたが、どの馬が来るのだろう、ということで、決まったお小遣いの中で楽しむ分には「頭の体操」にもなり、大問題ではありません。

しかし、楽しみを超えて、今までの損を取り返そうと、一日に何十万円をつぎ込むものではありません。

お金という点から言うならば、かけ事をしているような人は、お金を増やすという点からは縁遠いのです。

お金を増やすのであれば、コツコツか、理論的に予測できる投資商品に投じるべきであり、「万が一」のように確率の薄い、計算できない対象にお金をつぎ込むべきではありません。

これが分からない人が、資産を増やしたい、お金を増やしたいと考えても、それはないものねだりとなるのです。

投資の被害は自分のスキでもある

最近、投資詐欺が巧妙になってきています。

有名なジャーナリスト、経営者などを騙り、誤魔化して、「投資で稼ごう」との売り文句で、お金をだまし取る手口です。

この世の中で、楽して大金を得られるような上手い方法は存在しません。

しかも、ネットで、相手の姿も見えない人間が語る儲け話は１００％詐欺です。

私の知人にも大金を奪われた人がいます。

有能な仕事についているご主人と上手くいかず、離婚して、慰謝料みたいなお金を2、3000万円得ました。

離婚後は、自分にさしたるスキルがないので、「増やさないと」というような気持ちが強くなり、そのタイミングでネットを見ていたところに「儲け話」。

しかも、アクセスすると、「すぐに入金しないとチャンスがない」と言われ、慌てて入金したところ、連絡が絶たれたという話です。

あっという間の虎の子の詐欺。

「楽して増やしたい」

この心のスキに乗じた詐欺はネットにあふれています。

最近は、私のXのトップページをコピーした詐欺が見られます。

典型的な手口は、LINEに誘導することです。

私はLINEに誘導する安易なことはしていません。

愚かなことに、この誘導は私自身にも送付されてきます。

相変わらず、オレオレ詐欺の被害者は減るどころか、増えています。

還付金詐欺も増えています。

わずか数千円の還付金でＡＴＭに誘導され、何百万円を振り込まされます。

もっと冷静になりましょう。上手い話はない、電話での還付金や子供からの何百万円のおねだりは嘘１００％です。

このことを知らないと、お金はいくらあっても足りません。

小金を持ち、安易に増やしたいというあなたの心のスキを狙い、誘導する詐欺に注意しましょう。

お金は、増やす前に減らさないということに留意することが重要です。

終章

お金と人生

パワハラをバネに活路を見出す

お金を増やす、投資で成功する。

これで大切なのは、「一歩、前に踏み出す」ということです。

マンション投資、株式投資、そのほか、リスクはあるが、チャンスもあることに、不安はあるがとりあえず挑戦する。

その前向きの姿勢がないと、何も起こりません。

少し、興味があるという考えがあれば、とりあえずやってみるというのが、大切な姿勢です。

私は、もともとは貧乏人です。

妻と結婚する前にはいていた靴はボロボロでした。

それでも、気持ちで押しまくり、３年間付き合ってゴールしました。

何しろ、高校からのマドンナで持てまくっていましたので、「なんで、あいつと結婚するんだ」というような嫉妬と、あわよくばと、人妻なのに近寄ってくる同級生は少なくはなかった。

この本を書いている時点で、妻を亡くして23年余り。

最近、点と点がつながり、妻に関する不安を持っています。

でも、「不倫の時効」は３年。

いまさらという気持ちもありますが、なんだかやるせない気持ちは絶えません。

しかし、その妻には、多少の汚点はあるものの、多くのチャンスをもらいました。

私は、もとはと言えば、政党機関紙の新聞記者。

もともと文章を書くのは好きなので、文化放送から転職して23年。

新聞のコラムの常連であり、記事を書く速度はずば抜けていました。

しかし、その職場は「パワハラ全盛」。

出来ないやつでも、ゴマをすれば出世し、ゴマすりが下手なものは冷や水を浴びせられる。

そんな会社で、私は次第にモチベーションを失い、精神的に落ち込み、不整脈の発作で苦しむようになりました。

そんな時に、妻の人脈で著作の下請けみたいなアルバイトが舞い込み、目次作りから、本を書く代行へと経験を積み、「本が書けるんだ」という自信を身につけるようになりました。

ただ、本一冊を書いても、編集プロダクションを通せば、代金は10万円。

直に著作を書けばどうなのかと、関係の版元に連絡したところ、出版が可能な内容であれば最低でも30万円と聞き、ダメもとで売り込みました。

当時は、ノウハウの本では難しい理経書が多く、分かりやすい本は皆無。

そこで、私は入門、やさしさに特化して書いたところ、重版となり、売れ行きが順調、他の版元にも売り込めました。

その時（退職後）の本の年収は1500万円（副業禁止の時代、今は時効）、心に傷を負うサラリーマンとしての給与は部長職でも700万円でした。

それに加えて、トップからは相変わらず、パワハラ、差別の毎日。

突然の心臓発作で、救急車のお世話になることが増えました。

そこで、妻からは「会社を辞めて、自分の好きな仕事で食べればよい」との後押し。

「本を書く仕事は水物、将来の保証はないよ」

この私の意見に対して「いいから、やめなさい」。

その後は、フリーの作家の道を歩んだが、年収は2000万円、5000万円と増えていきました（5000万円はバブルの頂点の時期）。妻子を抱えた身では悲しませられない、という私のモチベーションで、本はもちろん、不動産セミナー、地方講演と仕事を増やし、「経済評論家」としての道を歩みました。

その発端が、マドンナ人妻、私の愛妻でした。

しかも、脱サラしてからは、体調も良くなり、心臓の発作も少なくなりました。

「好きなこと、得意なことで生きていく」

これが、収入を増やす重要なポイントです。

今では、開業、独立が当たり前ですが、「養ってもらう」「ベースアップを期待する」だけでは、人間として多くの飛躍は望めません。

もちろん、企業で力を発揮する人は多いし、それは否定しません。むしろ、向いている人は応援したいです。

私が、85歳でも現役で稼ぎ、多くのファンをかかえて、投資家へのアドバイスの道を歩んでいるのは、「職場のパワハラ、妻の後押し」が要因でした。

逆境をプラスに。

これは重要な「お金の哲学」の基本です。

知り合いのために、一肌脱いで活路を開く

お金を得る。チャンスをもらうというのは、私の中では、「人のために動いて」、結果として自分がチャンスを得るということが大きかったと思います。

私の人生から言えば、一見、面倒な他人からの要望が、結果的に、自分にもどる経験が多かった。

だから、他人から頼まれたら、面倒がらずに「一肌脱ぐ」ことを勧めたいのです。

一例を言えば、私は新聞社で「文芸」関係の部署にいたときに、このような要望を受けたことがあります。

「本が書きたい」。あなたは様々な著作を紹介しているので、コネがあるに違いない。

しかし、私の扱う版元は、彼の言うビジネス書ではなく、小説、エッセイが主でした。

しかし、何回かカフェでコーヒーを飲み、食事をしている中で、彼も家族があり、書きたいというエネルギーが強かったので、本屋に行くと、自然とビジネス書に目が行き、大手ではなく、中小、それも、出版点数があまり多くないところに目を付けました。

その中で、A出版社は既刊本が10冊程度で、これはチャンスがあるなと、目次を用意してもらい、社長に直接電話しました。

その反応は「ぜひ、会いたい」ということ。

約束の時間に訪ねると、大阪弁の社長が倉庫から作業服で出てきました。

現場主義があり、これは出来るトップだなと感じました。

何かを売り込むときに、私は、トップに直接アタックするのが基本です。

なぜならば、社運をかけているので、反応が早いからです。

それをたまたま対応した社員の場合、自分の個人的な都合が優先してしまい、結果は良くないのです。

そこで、私は来社した趣旨を話しました。

自分の作品ではなく、知り合いのものだと、説明し、内容を話しました。

その結果は、大成功。

社長は目次に対して好印象を持ち、「ぜひ、書いてもらいたい」との反応を得ました。

ところが、そこで私が「大ベストセラー」を出すチャンスを思いがけなく得るのです。

もちろん、私も新聞記者。

「あなたも、何か書けるでしょう」。

退職後の要望でしたが、このような反応となりました。

最初は、前にも書いた、八王子に東急の分譲地を買ったときに、ローン返済で、一か月のお小遣いが1万円。

これではやってはいけないと、お小遣い補填で、投書・投稿をやりまくった体験をもとに「必ず採用される投書・投稿のコツ」という企画を提案。

物凄い反応を得ました。

しかし、意外にも重版には至らなかったのです。

反応が良いのは、もともと投稿をしている人達。

確かに、感想文の多さは納得です。

しかし、その結果、版元の社長と親しくなり、当時活発にやっていた、不動産投資や株式投資についての本を書くチャンスを得て、ついには「マンガ版 生まれてはじめて株をやる人の本」が大ヒット。20万部を記録しました。

版元は、毎月4、5点の著作を発行していきましたが、私の本が1年くらい「売り上げベスト」になりました。

他人から頼まれたお手伝いからチャンスをもらい、結果として、私の著者としての活躍の場を広げました。

「面倒だな」という考えには、チャンスはありません。

私の生き方の基本は「誰かのために一肌脱ぐ」精神。

これが、収入を拡大し、お金を増やす基本でした。

いまも、それは変わりません。

ヒットの裏にある作戦はこうした

株式の入門の本で、20万部のヒットを記録したことを書きましたが、そこには私なりの作戦がありました。

当時、株式投資の本は難しいものが多く、私は、どうしても「漫画版」にして、読者のすそ野を広げたいと考えていました。

ただ、漫画家は相当な実力がありますので、一点、一点の著作料で支払うのは印税の関係で無理がありました。

しかし、何とかしたいと考えて、私はその漫画家をお食事に招き、「よい本を二人で作ろう」と口説きました。

その結果、漫画家も意気に感じ、私と印税折半という好条件で協力してくれました。

そうして出来上がった「マンガ版　生まれてはじめて～」の本はベストセラーとなり、私も漫画家も共に、10万部の印税を結果としてもらうことになりました。

まともに支払えば、あり得ない漫画。私のアイディアで生まれた本が大きな収入となり、10％の印税計算で、１５００円の本が10万部。

わずか一冊の本で、１５００万円の収入となったのです。

これが初版で終われば、５０００部として、良くて40万円です。

それが、私の発案、アイディアで、１５００万円に化けたのです。

これを受け身で、通り一遍のやり方で著作をしていけば、一か月の食いぶちがせいぜいです。

それが「漫画版」というアイディアで、年間の食いぶちに化けました。

お金を増やすか増やさないかは、アイディア一つです。

そして、協力の漫画家を上手く抱きこむ行動力です。

一点当たりの漫画代がいかに高額であるといっても、その仕事がなければゼロです。

でも、協力しあい、読者の要望に応える仕事作りで、大ヒットという恩恵に恵まれ、お金が得られるのが「お金の仕組み」。

もらうだけではなく、自ら生み出す胆力、前向きの行動が、思いもよらない富をもたらし、生活の元手を作るのです。

お金が多く得られるか、大して得られないかは、その人のモチベーション一つ。

考える努力、目標を持つ頑張り。

これがお金のもとになります。

窓際から抜け出す勇気も必要だ

私の学歴は、最初は高卒。

それは親父の考えでした。

今とは違い、アルバイトの道も少ないし、スタバやドトール、居酒屋などのアルバイトもありませんでした。

親の考えがイコール人生。

なので、県立の工業高校電気通信科を卒業した私は、担任が指定した文化放送の入社試験に臨みました。

それでも、この道はコネが必要なのは、私もそれなりに知っていましたので、父の応援していた自民党の小平元労働大臣の家をなんの繋がりもなく、親父が自民党に投票していたという事実だけで、自宅を訪問しました。
「ダメもとでやってみる」という考え方は、高校生のころからです。
しかし、いざ就職をしてみると、現実をはじめて知ることになりました。
高卒はわずかで、社員のほとんどは大学卒。
東大、早稲田、慶応といった感じです。
高卒の私が担う仕事は、荷物運びや補助みたいなことです。
ところが、そのころ、私は母の血を受け継いだのか、「リウマチ」になっていました。
コンクリートの上にいるだけで、足が冷えて痛い。
なので、高卒の私が受け持つ重い荷物運びは、体に堪えました。
そこで考えたのは、大学の夜学部に挑戦することです。

現状に満足するだけでは何も生まれないので、早稲田大学の第二政経学部（当時）に挑戦し、4年間を自費で卒業しました。

そこで、希望を持って転職したのが、政党機関紙の記者でした。取材して書く、このお仕事にやりがいがあったので、前向きに挑戦し、これは「天職だ」と感じて成長しました。

しかし、月日が経つに従い分かってきたのは、社内の派閥や人間関係の複雑さです。

とくに、トップの権限はすさまじく、それも、実力、成果というよりは、「ゴマすり」が上手か否か、という事でした。

「実力で来い」という考えの私は、いつしか、上司におもねることが出来ないので、外される事態になりました。

閉塞感からか、私は精神的に病んで、不整脈がひどくなる毎日でした。心臓も母親の持病で、これも受け継いでしまったようです。

先に述べたリウマチは、自力で漢方薬を探し、それが合って解決しましたが、今度は心臓です。

社内の人間関係でうつうつとした毎日で、私の体は病んでいき、救急車に何回もお世話になったり、当時は車両部といった運転手のお世話になり、帰宅する状況でした。

私が感じたのは、先も見えない状況、報われない努力、これが体を蝕んでいくことです。

そこで、私が考えたのは、勤めながらも、資格を取って独立することでした。

とりあえず、行政書士、宅建を獲得。

その後は、税理士、会計士でした。

しかし、40を過ぎた私には、仕事をしながら難しい資格を取るのは至難の業でした。

そうこう考えているときに、「本を書く」というお誘いが来たのです。本を書く、情報を発信する仕事で、85歳の今でも、考えられない収入を得ていますが、「先が見えない」と考えたときには、希望があり、自分に適した道に挑戦すべきです。

様々な病魔と闘ってきた私ですが、23年間の新聞の仕事、理不尽な組織での立場を捨てて、独立の道を歩んできました。一人で仕事を探し、売り込むという不安定な道ですが、自分なりの頑張る道を見つけ、挑戦したので、今があると自負しています。

お金と仲良くするには、健康が大切だ

最近、人の死についてやたらに気を使うことが多くなりました。
なにしろ、私は85歳。
あと10年生きても95歳。
これが限界かと考えています。
飼い犬のプードル「みーちゃん」。いま、5歳です。
この愛犬を見送るには、あと10年は生きなければなりません。
一人娘の家は大規模マンションですが、動物不可です。
なので、飼った以上は私が責任をもっていかなければなりません。
この本を書いている時点では、命にかかわるさしたる持病はありませ

ん。

しかし、人の寿命は限られています。

相撲の曙さんは50代で逝きました。

多くの有名な俳優などは、70代で次から次へと鬼籍の人となりました。

私のゴルフ友達、唯一の親友は、去年初めに認知症の流れで、逝きました。

さらに、私の両親は二人とも70代初めに亡くなりました。

希望は、血は直接つながってはいない祖父が88歳まで生きたことくらいです。

ということで、95歳まで生きる裏付けはどこにもないので、一人暮らしではありますが、主菜、副菜などに注意し、交通事故にも用心して生きるしかありません。

幸いなことに、私の事務所には週に二回程度、健康的な家庭料理を提供してくれるバイトの主婦が来ています。

私にとっては「長生きにつながる料理」。

ここに希望を持っています。

さらに、ゴルフの手ほどきを希望するので、近くの練習場で、毎回1時間の打ちっぱなしを行い、レッスンも請け負っています（もちろん、無料で）。

健康に生きる。長生きの裏付けがある。

そのためには、今、現在、健康的な食事や運動をしているか。

持病のケアをしっかりしているか。

これがお金よりも大切で、お金を生む健康維持の重要な習慣ではないかと考えます。

いかに資産があり、地位があっても、不健康で、不治の病に侵されているのでは、あまり意味がありません。

毎日が充実し、希望があり、楽しんで生きている。

これが健康の秘訣であり、長生き、有意義な人生の源ではないかと思います。

嫌で嫌でしょうがないが、お給料のために働いている。

これは寿命を短くするだけであり、考え直さなければなりません。

いかに注意し、用心しても、遺伝子で命の設計が出来上がり、やむなく死に至ることもあるので、完璧なことは言えませんが、考えられる「方法」はしっかりと自分のものにして、この世の使命を達成したいものです。

病から抜け出すセカンドオピニオン

85歳の高齢の私。

今現在は、幸いなことに、様々な病魔を克服し、第一線で働いている。

多くの投資家、投資初心者、経済に不案内の人に私なりの内容の濃い情報を発信しています。

こちらの都合で一日でも休むと「来ないんですけど」という嬉しい問い合わせが殺到します。

それは、北は北海道から、南は沖縄まで。真ん中の大阪、奈良、和歌山からも。

それだけ、日本中からの反応に私は「やりがい」「生きがい」を感じざるを得ないのです。

こんな私ですが、今から20年前は、とてもではないが、毎日メルマガを配信し、ゴルフの練習をする体ではありませんでした。

なんだか分かりませんが、ゴルフなど、18ホールのうち7ホールくらい回ると、心臓が不連続で鼓動し、その場にしゃがみこんでしまうのです。

妻を亡くしてからは、そのショックもあり、余計に心臓の鼓動は不規則になりました。

この状況に一人娘も「共倒れはごめん」とばかりに離れていきました。

妻がいなくなり、一人娘にも嫌われる。

それこそ、最悪でした。

それは妻が乳がんに倒れた横浜市青葉区の一戸建てはもちろん、東京の下町の転居先のマンションでも続きました。

ある時など、犬の散歩中に隅田川で鼓動が激しくなり、息苦しくなって、嫌がられるのも構わずタクシーに乗り、近くのかかりつけの医師のところに駆けつけました。

病院では飼い犬は置くところがなく、息切れ、不規則な鼓動に苛まれるも、医院のビルの階段の途中に犬のダックスを長時間つないでしまいました。

激しい不整脈を鎮める点滴を打つ1時間の間です。

困った事態に、家族の娘ではなく、大田区からの知り合いに頼み込んで、車で駆けつけてもらいました。

このようなことが相次ぎ、マンションの隣の住人さんにも救急車に乗ってもらい、文京区の国立東京医科歯科大学の救急外来に行くこともありました。

ただ、67歳になり、意を決して、カテーテルアブレーションという不整脈の出所を焼くという手術で、大成功し、ほぼ１００％快癒しました。

その前は、代々木の東海大学医学部付属東京病院で「心房細動」といううことが分かっても、「悟りを開きなさい」という訳の分からない診断に出会いました。

その後は、横浜の青葉区で聖マリアンナ医科大学系列の病院や医院で何の治療もしてもらえず、絶望の淵にありました。

しかし、先輩から、国立東京医科歯科大学病院に不整脈の名医がいると聞き、藁にもすがるような気持ちで、総合受付に行きました。

そこには、今は退官した平尾医師がおり、私の病状は一変し、思わぬ快癒になりました。

それ以前は、どこの病院の門をたたいても、訳の分からない治療・投薬ばかりで、埒が明かなかったのです。

いま思うのは、いかなる病でも、先端の治療を持つ医師に出会えれば、快方に向かう道はあるということです。

私の事務所の勉強会では、乳がんがリンパにまで転移したが、栃木県の自治医大の名医を訪ね、リンパ切除という最新の治療を受けて、元気に過ごしているという奥様に出会いました。

お金と上手く付き合うまでに、健康、病魔との闘いが肝心。

そのためには、なかなか解決しない、治癒しない現状にとどまらないで、納得するまで「セカンドオピニオン」を探していくべきです。

そこに、健康を得る、治療の道が開けます。

そして、希望のある人生が見えてきます。

お金を貯める、増やすというのは、その先にあります。

誰かを守り、支える気持ちが成長を後押しする

お金を稼ぐ、貯めるということは、易しいようだが、そんなに簡単ではないですね。

必要なことやものを考えると、お金はいくらあっても、足りないくらいです。結婚して、八王子の住宅地に住まう私は、都心まで1時間半、毎日、通勤の日々を過ごしていました。

パワハラで会社を辞めた私は、筆一本の仕事で、独立。のんびりしていれば明日がない、来月の給与の裏付けもない生活を送っていました。

ただ、幸いなのは、人に恵まれ、時代に恵まれて、経済がイケイケの

時代でしたので、アイディア一つで、仕事はいくらでもありました。

もちろん、ソロバンに合う仕事をしないと次はないのですが、私は、北陸や長野、四国などから講演のお呼びをいただいて、昼夜ダブルヘッダーの仕事をすることもありました。

体調は優れているわけではないが、家で待っている家族がいて、子供を大学に行かせていれば、そこそこの稼ぎは必要です。

辛い思いをさせたくはないので、様々な仕事を一切お断りすることなく、何でも引き受けました。

これが独立開業の道であり、生き方です。

誰かのために稼ぐ、ということで、私たちは頑張れると思います。

家族がいなくても、恋人のためなら頑張れると思います。

女性は、食べてくれる家族がいるとお料理に力が入ると聞きますが、男性は、待っている家族がいると「稼がないと」ということで、多少の無理はできます。

この考え方、生き方は、太古の昔からの遺伝子を受け継いだ人間の習慣です。

人間として生きたからには、「誰かのために」という裏付けがあるならば、多少の無理はききます。

頑張れます。

「誰かのために頑張る」

これが私たちが稼ぎ、お金を貯める基本的なポジションであり、やる気の源ではないでしょうか。

なので、大切にする人がいる、このことが、仕事を頑張り力を発揮する「源」ではないかと思います。

一人で自由に生きたい、という人もいるでしょうが、守る人、頼る人がいた方が、本当は頑張れるのではないかと考えます。

お金の貸し借りで繋がりを失わない方法

人生で一回や二回は、友人知人から「お金を貸してくれ、当てがないので」という経験があると思います。

大体、このような例では、万端尽き果てての話なので、「返済無し」「貸し倒れ」というのが普通です。

私の体験から言うならば、友人知人から、「お金を借りたい」というのは、10件でもあまりあります。

昔の知人から「貸してくれ」というのは、「悪いが私も借りたい、貸してくれないか」ということで、相打ちにして避けました。

しかし、親戚や兄弟は適当には扱えませんので、借りたいと言われたときに、万が一返せないと感じるときは、「あげたつもり」で貸すのが、人間関係がこわれない方法です。

もちろん、貸せる状況があるのが前提ですが。

私の場合は、妻の弟の元嫁さん（義理の弟は死別）からの貸してくれは、義理の妹でもあり、事業で困っているので、貸してあげることにしました。

（貸した後は、感謝の気持ちは薄れていたが、これは仕方がない。）

それに、身内からも、貸してくれの依頼があった。どちらも事業展開しているが、これには「くれてやる」の考えで、貸してあげた。

兄弟などが、生きていくのに困っているときは、手助けしないと後で後悔するので、可能であれば貸してあげるというのが私のポリシー。

ということで、貸したくないときは「私も貸してほしい」ということで、相打ちにしてその場をしのぎます。

ただ、助けてあげなければ、というときには貸してあげるのが、今後のお付き合いにはプラス。

貸せる能力があるときには、貸してあげる。

その分、自分が頑張って稼げばよい。

この考えが私のスタンスです。

必要な人には手助けする、この気持ちが自分自身のモチベーションを上げ、後は前を向く。

これがよいと考えます。人間というのは、誰かのために頑張るという立場で生きれば、その考えにご褒美があり、周りからも様々な依頼があり、結果的にプラスの効果があります。

それが、85歳になってもお金で困らない私の人生経験であり、結果です。

助ける人は、助ける。

そうでない人は、無視する。

誰にも彼にも、要望に応じる必要はありません。
分別しながら、対応する。
これは重要な処世術であり、私の考えです。
これが結果的に、稼ぐ、お金が集まる基本だと考えています。

成功者には、その分だけの失敗がある

お金でも、人生でも、失敗のない人はいないと思います。

というか、失敗に学べる人が、一段上の成功を収めることになります。

私なんか、失敗の連続です。

バブルの時も、妻が亡くなった後も、失敗だらけです。

ただ、言えるのは、失敗があるのは、その環境が大きく影響しています。私は、23年前に初婚の妻に、乳がんで先だたれました。その後の人生は悲惨です。

慌てて再婚相手を探し、二度、失敗しました。

一度目は「寂しさの余り、急いで結論を出して、3か月で破綻」。

もう一つは、見てくれで選んで、10年という長きにわたり、いろいろあるも、決断まで10年超、前向きではない日々を暮らしました。

もちろん、この本の本題である「お金を増やす」という事とは真逆の、切ない、ぎりぎりの生活を送りました。しかし、何事も決断。

「このままでは、終わりたくない」

この気持ちで、人生を振り出しに戻して、一人暮らしに戻して、前向きな考えになり、新たな挑戦の気持ちが湧き出してきました。

本来得意な分野である、失敗も重ねてきた「株式投資」に関する入門書を出す決断をし、ダメもとで、昔からの繋がりのある版元の編集者にメールしました。

それが意に反して、再出発の活動となり、「X」での活動を本格的に始めることになりました。本を出すからには、版元に迷惑をかけられないので、本格的にXでの活動を行いました。

結果的に、私がいま活動しているメールマガジンの配信に結び付き、志ある投資家の心に響く情報の発信に生きがいを持って、励んでいます。

もちろん、80代の高齢者にはあり得ない収入もいただいています。

さらにプラスなのは、休日を除き、毎日配信の内容を考えていますので、この年齢にありがちな「認知症」とはほとんど無関係な人生を送っていることです。

何歳であろうとも、どのような境遇、環境にいても、常に、生活や仕事で「検証、反省」を怠らないで、生きていくことが大切です。

「仕方ない、私はこの程度だ」

このように、自分で限界を作るのは、せっかくの人生、もったいないと考えます。

今日よりも明日、さらに、その次へ。悔いのない、前向きの充足のできる「お金人生」を歩んでいきましょう。

治安が悪くなってきた日本で気を付けることは

様々な情報を見ると、治安の良かった日本も、次第に悪くなっていることが分かります。

「恵まれないから、金持ちからお金を取る」

この歪な考え方が蔓延しつつあります。

得しなくても良いから、損をしないようにしたい。

このように考えます。

私の中古マンションには、警戒のために、セコム加入のシールが貼ってあり、窓には、金づちでは割れないシールが施されています。

都会では、隣や周りに警戒しないと、何をされるか分からない。

これが現状です。

昔、「人を見たら泥棒と見よ」というのがありましたが、今は、不審な人間は殺人犯と見なければならないほどの状況も言い過ぎではありません。マンションにはオートロックが施される例が増えていますが、これだけでは不十分です。

オートロックというのは販売業者の「売り」ですが、マンションの入口から人が出たタイミングで入れば、オートロックの意味は全くありません。それでいて、救急車などの緊急の時には、バリアとなり、不便極まりません。

私は、かつてワタミの宅配弁当を取りましたが、オートロックのために受け取れず、不便なところでの配達を選びました。

いま、考えなければならないのは、「得する」という事よりも、事故や盗難で命や財産を取られないことです。

「得しよう」との気持ちに、スキが出来ます。

得しなくてもよいから、損をしない方策を考える方が「お金」に関する重要なことです。

警護や防犯に力を入れる昨今ですが、災難、被害に遭わないために、経費を使う。

これが重要です。安心して生きていく。大きな損をしないために、防御する。

これは避けては通れません。

安全にお金を費やすのは、マイナスではなく、プラスの行動です。

その現実を考えず、「安全はタダ」との考え方は現状認識にかけています。

備えを十二分にして、その上で、地道な資産形成、積み立て、投資をすることが大切です。

楽して資産が増えることはあり得ない

「お金を増やす上手い方法はないか？」

このように考えている人は多いと考えます。

私から言わせれば「それはない」と、言うしかありません。

いま、よほどのスキルがない限り、給与は、最低賃金一時間1000円前後というのが、日本の現状です。

文句を言われようが、上司の圧、仲間のいやがらせ、言えば切りがない働く職場の現状ですが、それでも、家計、暮らし、子育てのために、働かなければなりません。

私は、妻を大昔に亡くし、23年間、家事を自分でやってきました。

もちろん、再婚している間は新しい妻に頼りましたが、初婚のような満足は皆無。

男の立場で、掃除、洗濯、皿洗いなどをやってきましたし、一人になった今は、朝、起きて寝るまで、衣食住、全て自分の手です。

この1年くらいは、生存確認も兼ねて、家事代行のお世話になっています。

お掃除代行ですが、主婦が多いのが現状。

この人たちの給与は、1時間、1000円程度と少しです。

私が支払うのは、一回当たり、三時間で15000円くらいなので、実際に働く人の5倍です。

現場は1000円台なのに、こちらの支払いは5000円。

この差は、宣伝費、事務関連の給与、若い人たちのクラブ活動の給与などになりますが、支払う料金が実際に働く人の5倍では、現場でお掃除する立場からすれば、耐えられないことです。

なので、家事代行の希望はあっても、人材が集まらず、「人がいないので待ってください」というのが、現状です。

この賃金では競争力がないので、集まらないのは当たり前ですが、かといって、賃金、時給を上げる様子はありません。

依頼する側は高い利用料、働く側は最低賃金。

それでも賃金を上げないのは、経営側がペイしないという現状があります。

家事代行、コンビニ、喫茶店、飲み屋。

どの仕事も、低賃金です。

その様な賃金体系の中で、上手い話はないのです。

かと言って、投資をして稼ごうとしても、投資は「ハイリスク・ハイリターン」が現実です。

上手くやれば稼げるが、一方で、タイミングが悪ければ、稼ぐどころか、損が膨らみます。

なので、結果的に確実に稼ぐには、最低賃金で確実なパート、アルバイトという事になります。

コツコツ、地道に。

これが、裏切られない賃金の現状です。

もっとましな収入を考えるのであれば、それにふさわしい能力を身につけるしかありません。

誰でも出来る仕事ではなく、自分だけのオンリーワンの仕事です。

私は、毎日、経済情報を発信していますが、それにより大きなリターンを得る人が出るので成り立っています。

毎日、欲しい情報を途切れず発信する。

これは大変な作業ですが、やりがいもあります。

リターンの多い仕事を目指すならば、それにふさわしい力、ノウハウを身につけることが必要です。

自分の能力にどのくらいの価値があるのか。

それを胸を張って言えるようにする。

これが、望ましい収入アップの道です。

お金を支払ってでも欲しいという評価があれば、それにふさわしい収入につながるのです。

誰にでも出来る仕事、生き方は、誰でももらえる普通の賃金というのが、現状なのです。

失敗や逆境に学ぶことが肝心

人間、誰でも失敗はあります。

肝心なのは、いかに多くの深刻な失敗があっても「命があれば」ということで、立ち直ることが大切です。

人は、失敗があっても、前向きに生きていれば、「なんで失敗したのかな」という検証ができます。

その反省の中で、「ああ、そうだったのか」ということで、次の飛躍への礎にすることができます。

私は、親の遺伝子を受け継いだのか、20代から心臓の不調で悩み、苦しんできました。

それでも、勉学や仕事は前向きでやってきましたが。

いよいよ、これ以上の悪化が放置できなくなった67歳の時に、国立東京医科歯科大学病院の循環器内科・平尾医師の勧めで、「カテーテルアブレーション」（不整脈の元を焼く治療のこと）の手術を受け、幸運にも100%の快癒となりました。

その後、徐々に心肺機能をアップし、ゴルフも18ホールのプレーでは飽き足らないほどの体力を手にしました。

まさに、人生が一変しました。

その後、家族の在り方、生き方を考え直し、積極的に仕事の幅を広げていきました。おかげで、85歳でもこの本を書いていますし、収入も飛躍的にアップしています。

事務所のマンションも都心に二部屋確保し、仕事、セミナー、応接などに生かしています。

健康、体力、働き、収入、お金。これらは連動しています。いかにお金に恵まれていても、病魔に侵されている人生では、心もとないのです。

私は、健康復活のために、様々な医療機関を探すのに苦労しました。あきらめず、人脈を頼り、生かし、今の健康と、働いて稼ぐ基盤を確保しています。

更に、大切なことは、稼ぎ、お金を手に入れたならば、これを生かして、周辺に還元し、自分も心豊かに生きるということです。

自分の殻に閉じこもり、周辺を豊かにできない人は、結果的に、豊かでお金に恵まれた人生はありません。

「人に施す」

この心意気は、人生が軌道に乗ったときに、幸せを確保し、周りも良くなるという好循環をもたらすと考えます。

貧乏人にこそ、チャンスがある

「私は恵まれない、運がない」

このように決めつけるのは、良いことではありません。

私なんか、貧乏人の代表でした。

生まれたところは、電気もない、電話もない、バスもない。

小学生の時は、学校へ、往復8キロの道を通いました。そのころ、車などもありません。

毎月のお小遣いなんか、ゼロでした。

おばあちゃんと裏山の竹藪で竹の皮を拾い、お金を得ていました。

高校を卒業して入った文化放送の初任給は8000円でした。

住まいは、借り部屋（借家ではありません）３畳間でした。

結婚式の費用は、10万円でした。

26歳で新婚で住んだ部屋は、６畳のアパート、トイレ、ミニキッチン。風呂無し。67歳まで、持病持ち。本格的に健康を手に入れたのは、70代からです。それでも、大器晩成。

85歳の今は、年収５００万円（自分の会社の売り上げは２０００万円超え）です。何とかなるものです。

前を向き、人に優しくして、もらうことではなく、与える気持ちを優先することで。

豊かな、満足な生き方が不思議と手に入ります。

大切なのは、不遇、不満足でも、あきらめないことです。

人間、平等にチャンスがあります。

大小は別にして。そのチャンスを生かしましょう。大きく膨らませましょう。

その原動力は、あきらめない、努力するということです。

不満や、絶望、恨み。そこからは何も生まれません。

前向きに生き、チャンスを広げていく。人一倍、頑張る。そこに、道が開けます。

いかに、逆境に遭っても「生まれてきた」ことに感謝し、頑張る気持ちを捨てないことが大切です。

人に頼るだけの生き方には、プラスは生まれません。

頑張る。チャンスを生かす。

この気持ちを持っているならば、必ず、活路が開けます。

そのチャンスを生かしましょう。

豊かな人生の可能性があるのに、不満や恨みの精神に支配されていては、未来はありません。

機敏さがお金を生む基本になる

私のスタンスは「リアルタイム」「即対応」です。
人には、おっとり型と、素早いというような性格がありますね。
私は、何でも急いでというか、「即対応型」です。
それが一番分かるのが、LINE、Xへの反応です。
私は、「ピー」というようなLINEの音が出れば、即開き、数秒で返信します。
Xも同じです。
スマホを開いていると、画面にXの封筒マークが出てきます。
これはダイレクトメッセージの合図です。

私にメッセージが来るということは、フォロワーさんからの連絡ですから、これも、即座に返します。

ＬＩＮＥでもＸのメッセージでも先方は、用事があるから連絡するのです。

そのために、すぐに「既読」になるし、私への連絡は直ちに解決に向かうのです。

なかには、ＬＩＮＥの既読が24時間、下手をすれば、二日や三日かかる人もいますが、これでは意味がありません。

Ｘも同じです。

そのような人に対しては、連絡をする人も、「どうせ、時間がかかるだろう」、このように考えて送信します。

しかし、すぐ反応がないとどうなるのか。

「ダメ元」「いつでもいいから」。

このようになります。

ということは、急ぐ話、緊急のお仕事、これは来ないわけです。

それがお金を生む話でも、反応の遅い人には、二の次になるのが普通です。

私は「即反応」なので、どんな連絡や要望でも、数多く来ます。

急ぐお仕事は、どんどん来ます。

これは、私にとってプラスの用事が舞い込むということです。

もちろん、体力的な問題もあるので、全てに応じられるわけではありませんが、どちらがプラスかと言えば、反応の早い人の方が、チャンスを摑みやすいのは当然です。

私は、若いころ、病気がちの時は、体がついていかなかったので、気持ちがあっても、解決に時間を要しましたが、健康を取り戻した今は、80代であっても、40代、50代に負けない反応、お仕事が可能です。

お金を増やす、チャンスを生かすという点から言うならば、「早い」という方がプラスを生みます。

「性格的におっとりしている」という理由もあると思いますが、何事も、素早い、反応が早いという方が、お金に関わることでもプラスです。

お金との縁を大切にしたいならば、「のんびりタイプ」とお別れして、早い反応を勧めます。

もらうよりあげた方が勝ちにつながる

お金に対する習慣として言えるのは、お金をあげるタイプか、もらうタイプかという事。

大体にして、「いくらもらえるのか」との考えの人が大半です。

「働いたらいくらもらえるのか」

「協力したら、いくらくれるのか」

このような感じです。

しかし、私は違います。

基本的に、お金をあげる。そのために、どのように稼ぐか。

この気持ちで、行動しています。

なんで、そのようなことが出来るのか。

普通はこのように思うのではないでしょうか。

そこなんですが、人というのは、「もらって悪い気はしない」という事なのです。

日本の宰相で有名な田中角栄元総理は、自分の仲間や派閥の人に、「いかにして配るか」ということを考えていたようです。

また、行動の指針として、「人が一番つらい時、お葬式などの時に必ず行く」とのスタンスでした。

人は、自分にプレゼントをされたり辛い時に顔を見せたりされて、悪い気はしません。

この「与える」というのは、専門的な用語で言えば「先行投資」です。

恵んでほしい、協力してほしい。そう考えたときに、何もしないで、要求するのは、上手くいかないのが普通です。

しかし、要求し、課題を課す前に、相手にプラスのことをする。

こうすることで、人は、二倍、三倍の勢いで動いてくれます。

ここが重要です。お金を使い、自分の望み通りの行動をしてもらうには、「先に投資する」ことが重要です。

欧米に「チップ」の習慣がありますが、これは、人の気持ちに応える「お礼」を渡す習慣です。

私は、誰に対しても、どのような場面でも、「心付け」を真っ先に考えます。

それに対して、もらうのが当たり前という人は、結果的にお金には恵まれないし、チャンスをものに出来ません。

コンビニで、200円のお菓子でもいいので、「心付け」の習慣を持ちましょう。

それは、後から10倍、100倍になって戻ってきますよ。

スマホは有効に活用せよ

いま、街を歩き、交通機関に乗ると、大半の人がスマホを見ていますね。
これは、ここ数年の風景です。
世界の通信手段が「スマホ時代」になっていますから、当然だと考えます。
しかし、スマホで何を見ているか、何をしているか。
ここで、お金との縁があるかどうかに大きな差が出てきます。
LINE、ゲーム、動画。
いろいろ見ているでしょうが、大切なのは、自分のスキル。そのための情報を求めて欲しいと考えます。

遊びのため、友達との交流、連絡をすることも必要ですが、それのみではなく、自分の価値を生む、前向きの情報を摑む。

このことに留意してほしい。

私がやっているのは、経済状況、株式の動きに関する政治・経済の動きを調べることです。

これらを組み合わせて、明日の相場の予測や個別銘柄の動きを解説します。

それが全国に散らばる、様々な投資家の投資効率に寄与します。

なので、私がカフェで見ているスマホは、それ自体がお金を生むのです。

大好きな、なくてはならないスマホ。

そこにお金を使うのであれば、そこからお金を生み出す何らかの情報やスキルを得る行動をしてもらいたい。

都会の歩道を歩いていると、大半の人が、前を向かないで、スマホを覗いている。

それがどれほどの価値があるか分からないが、私は、「歩きスマホ」では、価値の創造や情報入手は困難だと考えます。

少なくとも、足を止めて、道端の迷惑のかからないところで、じっくり見るべきであると考えます。

情報は「宝」です。

使い方によっては。

だから「ながら」である「歩きスマホ」はやめた方が賢明と考える。

カフェでも、車中でも、少なくとも仕事や投資に関する情報は、落ち着いて見て欲しい。

ゲームや動画と一緒にしているだけでは、スキルも生まれないし、いざの時の勝負には勝てない。

問題は素早く解決しよう

ＡＩ時代、情報の氾濫。

この今の世界では、時間との勝負である。

刻々と変わる世の中の動き、関わっている人の立ち位置は、リアルタイムで変化している。

なので、午前中に来たメールは、夕方に見て対応したのでは遅すぎます。遅れてしまいます。

仕事が早い、反応が素早い人には、仕事、お金、チャンスが多く集まります。

なぜか？

反応の速さで、用事のある人は、誰を相手にするのか、決めていきます。

人間の癖として、のんびりしている。

反応が鈍い。

何でも、後回しにする。

このような人は、お金のチャンスに恵まれても、それを手に出来ません。

一拍、二拍ならよいが、一日、二日ずれる人は、このＡＩ時代では、相手にされません。

私は、Xのダイレクトメッセージが来た際、可能な時は数秒で反応します。

送り主も用事があって連絡してくるので、反応が早いのは好都合である。

送る方も、私が「すぐ反応」することは知っていて、用事がすぐに済むので、大切なことでは、真っ先に私を相手にしてくれます。

そこに、ビジネスのチャンスが生まれます。

チャンスは「お金」です。

お金の知識があっても、それを掴む行動にズレがあると、相手からは「後回し」にされてしまいます。

真っ先に「頼れる人」になることが、ビジネスでは極めて重要です。

そこに、富を掴むチャンスがあるのです。

自分の都合優先。

これでは「勝ち組」にはなれません。

AI時代は、リアルタイムが当たり前です。

それに対応できない人は、貧乏人の道を歩むしかないのです。

私は、80代ですが、全ての問題や情報には素早く反応します。

それが生き方の基本であり、頼りにしてくれる人への誠意なのです。

不倫は当たり前なので、用心に越したことはない

これは人間の性だが、世の中、不倫は誰でも遭遇します。

年齢に関係なく、被害に遭うことは、90%あると考えていいでしょう。

男は、太古の昔から子孫を残す遺伝子に支配されています。

一方、女性は、強そうな男の種は残したいという欲求があります。

その遺伝子のために、意図的ではなくても、気が付いたらそのようなことが起きているのです。

これが目の前で起きると、慰謝料、財産分与、信用調査、弁護士費用が発生します。

昼間のラブホテルは、不倫のお客で経営が成り立っているとのこと。

これは、誇大でもなんでもなく、人間の在り様なのです。

そこで考えなければならないのは、不倫の危機、不倫を犯す危機、その結果としての家庭崩壊、お金を失う事態の発生。

この問題です。

弁護士や探偵会社の一番の顧客は「不倫」です。

という事なので、「お金の話」で一番重要なのは、太古の昔から、刷り込まれた「不倫の遺伝子」に対する対応です。

資産を増やす前に、家庭のリスクを考えておかなければなりません。

ですから、結婚した人は、異性とのお付き合いでは、不倫のリスクがこの上ない確率で起きてきますので、意図しない出費がある可能性に準備をしておきましょう。

最近、結婚しない人が男女ともに増えていますが、これは、収入や子育ての問題もありますが、不倫へのマイナスイメージがあるからです。

不倫に敏感で、隠し通せるのは、女性の方が上手いという説もあります。

これには賛否があると考えますが、お金を貯める、増やすという陰で、大きなリスクがあることを心得ておきましょう。

そういう私も「不倫問題」で、いまだに心を痛めている人間です。

作家の瀬戸内寂聴さんが、多くの女性の心をひき、法話や相談に大人気だったのも、彼女自身が自由奔放な男女関係を生き、悟りをひらいたことで、人間の深淵に迫っていたからかもしれません。

人間の性はどうしようもなく、その裏付けとしてのお金の準備は大切なことです。

億万長者が生まれる要因は何なのか

我々の羨望の的である「億万長者」はいかにして生まれるのか。これは興味がありますね。

一言で言えば、失敗を重ね、それにめげないで、目標を達成した人です。

海外で見れば、スペースXのイーロン・マスクが有名です。

彼は、アメリカ政府が要請する宇宙ステーションに物資を運ぶ民間初の宇宙船を打ち上げ続けています。

はじめは失敗続きでした。

しかし、「失敗に学ぶ」ということがありますが、失敗するたびに、その原因を探し出し、次の打ち上げにつなげました。

「必ず成功する」という強い意志で、ついには、アメリカの民間宇宙開発企業のトップの立場を確立しました。

ここで重要なのは、

「失敗にめげない」

「高い目標を掲げる」

ということです。

私たちは、出来るか出来ないかのはざまで生きていますが、出来るまでやめない人が成功し、その結果、財を成すのです。

億万長者にならなくても、自分なりの目標であきらめないことが重要です。

私は、貧乏の時がありましたが、常に前を向き、挑戦し、「やってみる」ということで生きてきました。

今やっている「Xビジネス」もカフェで思いついたものです。

出来るかどうか、分からないがやってみた結果、この歳にしては満足な収入を得ています。

「私は年寄りだ」という意識はありません。

85歳、気持ちは40代です。

まだまだ、彼女を作る青年の気持ちがあります。

仕事も青年の意欲です。

「おれは歳だ」「もう無理だ」。

これはやる前から逃げています。

そこには可能性やチャンスはないし、裕福な生活、投資の成功はありません。

富か貧乏かは、あなたの心で決まるのです。

他人に依存する気持ちを捨てないとチャンスはない

生き方として、自立するか、他人に依存するかということがあります。他人に依存し、食べさせてもらう、お金を貸してもらうというのは、一見「気楽」なように見えますが、そこには「自尊心」や「プライド」が抜け落ちています。

人の生き方として、尊厳を守るかどうかというのは、極めて重要です。

いま、アルバイトやパートの最低賃金は、時給1000円前後です。そのお金をもらい、「有難うございます」という声を出して働き続けるのは、健康体も必要で、たやすいことではありません。

10時間働いても、1万円。家賃が月8万円のマンションに住まうには、月に80時間働かないとなりません。

ただ、家賃だけでは生活はできず、電気代、ガス代、スマホ代、食費、交通費など、生活するには、最低でも家賃の倍である16万円は必要です。

そうなると、最低160時間働く必要があります。

これは、一日に8時間として、20日間です。

しかし、コンスタントに8時間働くのは現実的ではなく、16万円をコンビニ、スーパーで働いて収入を得るのは、極めて大変です。

これが、今の日本の現状です。そのために、若い人では、風俗、パパ活などという「とりあえず」の行動が、増えています。

日本経済は停滞しており、体を張って働いても、楽な暮らしは出来ないのが現状です。

そこに、持てる者への依存度が高くなる状況があります。

それがかなわないと、最終的には「生活保護」という道になってしまうのです。

私の知り合いに、離婚して、生活保護を受けた人がいます。

一回、これを受けると、抜け出るのが大変です。

何か表に出るビジネスを考えても、生活保護を抜け出さないと不可能です。

私は、昔から縁のあった人を生活保護から抜け出させるために、資金を出して助けたことがあります。

しかし、何の裏付けもないまま抜け出しても、生きていくのが大変です。このような立場にある人は、日本にいくらでも存在します。

それがこの国の現状です。

ですから、健康を大切にし、信用をつけ、稼ぐ力を身につけましょう。

更には、誰も出来ないようなスキルを磨きましょう。

依存性の高い生き方に未来はありません。

最大のリスクは病気である

生きていく上で最重要なのは、「健康」です。お金を稼ぎ、増やすにしても、健康体がなければ、かないません。

このように書いている私も、何とか働いては来ましたが、67歳で心臓の手術を行い、快癒するまでは、救急車のお世話になる日常でした。

妻が亡くなり、一人暮らしの私は、発作が始まると、救急車に乗るか、知り合いにお金を渡して、身の回りや食事を助けてもらわないとどうにもなりませんでした。

幸いにも、67歳の時に、心房細動の発作が収まらず、国立東京医科歯科大学病院循環器内科・平尾医師の裁量で、名医のカテーテルアブレーションの治療を受け、奇跡的に100%治りました。

それ以後、私は、ゴルフで心肺機能を高め、意欲を取り戻して、本を書き、セミナーを行い、今では、人数は減少気味にもかかわらず、「株式投資メールマガジン」を配信するようになりました。

いい加減で、騙すようなメールマガジンではなく、私のは、基本を大切にし、誰でもコツを摑めば実現できる、基本を大切にした「再現性」のある内容です。

私がこうして本を書き、メールマガジンの要望があるのも、長年にわたり、投資のスキルを高め、基本に忠実な方法を広めているからです。

世の中には、病気で悩み、落ち込んでいる人が沢山います。

しかし、医学は日進月歩であり、この間まで治療不可能であった病気が治る時代です。

私の心房細動も、私が67歳で治療する時点で、アメリカで5年前に開発された医学でした。

それがなければ、私の今の健康は手に入らなかったのです。

病気に負けず、あらゆる可能性を求めましょう。

私の事務所で毎月行っている勉強会には、乳がんでリンパに転移している女性が来ます。

しかし、一昔前は、転移は絶望でしたが、今は、転移のリンパを切除するというような治療が開発されています。

私の兄は、だいぶ前から前立腺がんですが、ホルモン治療で、元気はつらつの毎日を暮らしています。

元気な兄が存在するのは、弟としては心強いことであり、この上ない喜びです。

医療には地域差がありますが、今は、全国どこにでも治療のために移動できますので、あきらめず挑戦していきましょう。

健康とお金は車の両輪である

お金と命ではどちらが大切かと言えば、明らかに「命」です。
命がなくなってはお金の意味がありません。
そこで、重要なのは健康です。
「健康になるなら死んでもいい」
このようなお話がありますが、人がいかに健康を望んでいるかが分かります。
そういう私は、実は、20歳から67歳まで、不健康の極みでした。
私の病歴を言うと、リウマチ、心臓神経症、パニック症候群、徐胆のう、心房細動。

このようなものです。

この中で、一番の病気は、心房細動です。

妻が亡くなってから、一人暮らしになり、発作を繰り返し、救急車に乗ること数知れず。

私の人生も終わりだなという気持ちがありました。

しかし、医療の進展は目覚ましく、国立東京医科歯科大学病院循環器内科の平尾医師に出会ってから、私の人生は一変。

カテーテルアブレーションの治療で、最終的には67歳の時に１００％近く快癒しました。

その後は、昔から好きであったゴルフに取り組み、レッスンプロにもついて、心肺能力がアップして、その流れで、85歳の今でもゴルフのラウンドが可能で、仕事も毎日行って、収入を得ています。

そのために、会社経営で収入があるということで、年金の給付は削られています。

この歳で、医療費は3割負担、国税、地方税も相当な金額です。担当の会計士には「富の分散」とか言われて慰められていますが、正直、この歳で、これほどの経済力は予想していませんでした。

今は、犬と暮らす日々ですが、周りの人に恵まれ、満足な人生を過ごしています。

ここで言えることは、医療で満足な結果が得られれば、おのずとお金が回り、それなりの生活が出来るということです。

一人暮らしですが、家事代行をお願いしているので家の中は綺麗です。

ということで、お金と生活で一番大切なのは、健康の維持と医療の体制を整えること。

それがあれば、自分なりに働き、収入を得て、経済的に何とかなるし、働くことで健康にも良いし、高齢者にありがちな認知症の可能性が少なくなります。

高齢者にありがちな認知症を防ぐのは、頭を使うこと、考えること、世の中の動きに敏感になることです。

お金と健康、これは車の両輪です。

どちらがなくても上手くいきません。

そのために、常に考え、最良の方法を探していくことが、満足な生き方、お金に恵まれる重要な方策です。

男性と女性ではお金感覚が違う

金銭感覚という点で言えば、男女で差があるというのは、一概には決められませんが、男性に比べて、女性の方が家計を守るという傾向があると考えます。

家計簿は、大体が奥様がつけますが、男性、夫がつけるという話は、あまり聞きません。スーパーやドラッグストアなど、細かに領収証をもらい、帳簿につけるのは、むしろ奥様であり、女性です。

私の家は、どちらかと言えば妻の方が放漫でしたが、これは、むしろ、レアなケースであり、一般的ではありません。

ということで、家計を守るという点では、女性に任せるのが賢明かと考えます。男性には、スーパーのチラシを見て、5円、10円の安さで、あちこちのスーパーを渡り歩くという行動はあまりありません。

どちらかと言えば、女性に多く見られる光景です。

一か月の収入が決まっている家計では、その中で、借金を増やすことなくやりくりするために、個々の値段を考えて、有効に消費する習慣が大切です。毎月の消費なので、食費、光熱費、通信費、交際費、レジャーなど、上手く切り盛りするのは、大切なお金とのお付き合いであり、生き方の習慣です。

その際に、毎月の収入から、少しでも多くの貯蓄をすることが、何かの不測の事態に上手く対応していく上で大切なことです。

貯蓄がない状態で不測の事態に対応するとすれば、借り入れという手段に頼ることになりますが、利息の付くお金に手を出すのはマイナスが大きいので、出来るだけ避けるようにしたいところです。

親の遺産を狙う
さもしい心は捨てよ

親の遺産は誰もが気になるようですね。

確かに、何の努力もなしに手に入る財産、これは堪えられません。

そこを巡って「遺産争い」が起きています。

骨肉の争いです。

私にも当然、親がいて亡くなりましたが、実家は農家で兄が跡継ぎ。

田畑が結構ありましたが、私は兄弟に「相続放棄」を言い渡し、両親の面倒を見た兄に全てを託しました。

これに異を唱えた身内もいましたが……。

私の妻も、散々、「なんで遺産をもらわないのだ」と言いました。

しかし、既に家を買う頭金を父からもらっているし、何の努力もしていない者が、親が亡くなったからということで、遺産を要求するのは「どうなのかな?」という気持ちがありました。

遺産は「不労所得」とも言われます。

濡れ手で粟、を気にするような人間に地道なお金を得るスキルは生まれません。

お金を得る努力をあまりしないで、遺産、宝くじを狙うのは、私は否定的です。

お金が欲しい、増やしたい、というような考えは万人が持っていると思いますが、それは「不労所得」ではなく、「努力の結果」であるべきです。

不労所得は、一時的なもの。

使えばなくなります。

そこには、何のノウハウも実力も生まれません。
地道な努力、スキルアップは継続的にお金を生み出します。
そこに目を向けて、努力の日々を過ごしましょう。
遺産でもめるのは、何兆円、何億円という大金の遺産ではなく、10
0万円、200万円というような小金を巡っての争いが多いようです。
わずか、何十万円を巡って争う。
醜いではありませんか。
楽してお金を得ようとの考えに、ロクな結果はありません。

パパ活、ママ活に群がるおかしな風潮

最近の若い人は、給与水準が低いことや、スマホ、ゲーム、お付き合い、奨学金、家賃への出費といった背景があり、生活がかつかつのようです。そのために、アルバイトをしたり、夜のお仕事に向かう人が増えています。

もちろん、職業に貴賤はなく、世の中で必要があるので、存在しています。

もちろん、犯罪は良くありませんが。

その中で、足りないお金を安易に得る方法で、20代、30代にブームになっているのが、「パパ活」「ママ活」です。

これはライトな名称で、暗いイメージはありませんが、最終的には売春につながり、若い人がこのようなことに安易に頼るのは、疑問があります。

とくに、パパ活は、普通の学生、ＯＬが当たり前のように手を出しているようです。

そのためのＳＮＳも多く存在し、普通の女性が、「友達がやっているので」ということで、低いハードルとなって、参入しています。

もちろん、そのようなことに「違和感」を持つ若い人も沢山存在します。普通はコンビニ、カフェ、居酒屋でのアルバイトをしているのが若い人であり、足りない人手をカバーしているのが現状です。

かたや、パパ活は、若い人との接触を持ちたい「おじさん」の需要があり、成り立っています。

しかし、時給１２００円の給与のアルバイトを避けて、お茶で５００

0円から1万円、お食事で2万円、その先の体の関係で3万円、5万円、10万円という安易な活動は、副作用もあります。

安易にお金が稼げるのは、金銭感覚を壊し、年齢が高くなれば、稼げなくなります。

第一、体を張っての稼ぎには、ノウハウは生まれません。

親からもらった若さや美貌を売りにしてお金を得る行動には、未来はないと考えます。

しかし、ここで私が書いてもどうなるものではなく、どうするかは、その人の考え方です。

しかし、地道に、永続的にお金を稼ごう、蓄財をしたいという人は、技術的なスキル、ノウハウを身につけていただきたいと考えます。

「濡れ手で粟」というような稼ぎ方は永続的なモノではないし、負の効果が表れますので、用心したいところです。

生きていく関係やかかわりを大切にしたい

濡れ手で粟。

これは、長続きしませんね。

誰もが「金持ちになりたい」という気持ちがありますが、私の85年の経験から言うならば、頑張って、頭を使い、そのご褒美で、結果があります。

ただ、お金や事業、ビジネスは、一人相撲で成し遂げられるものではありません。

周りの応援、交流も大切です。

そこで、お金持ちになる大切な要素を書いておきます。

・添い遂げる妻、彼女は前向きで優しい人を選べ。
・マイナス思考の暗い友達に近づかず、前向きで、元気な人とつながれ。
・時代の先を目指す友人、知人と仲良くせよ。
・傷をなめ合う関係ではなく、苦楽を共にする関係を大切に。
・常に新しく、輝ける人の人脈を作っていこう。
人生を前向きで、将来に輝くためには、自分一人ではなく、心地よい生産的な人との繫がりを大切にしましょう。

人間、一人では生きていけません。

仲間を大切に、家庭は円満と信頼で行こう。

間違っても、身勝手、不倫につながる関係は持たない。

マイナスの力が働くので、少しも良いことはない。

上司がマイナス思考、パワハラ、身勝手な会社とは早々に縁を切り、良好な環境で生きていくことが大切です。

環境の悪いところに生きていけば、成果が出ないどころか、健康にも悪い。

私がいた、40代の組織は最悪。

そこを抜け出した結果で、今がある。

10年間、共に暮らした再婚から縁を切ったとたんにプラスの人生が回ってきました。

周りの関係を整備し、幸運の道に向かいましょう。

豊かな人生のためには、常に、周りの関係性を確認し、好ましいものに変えていくことを大切にしましょう。

マイナスの環境は勇気を持ち、変えていく。抜け出す勇気が、その先の未来を開きます。

著者略歴

石井 勝利（いしい・かつとし）

早稲田大学政治経済学部卒。1939年生まれ。宇都宮工業高校から、高卒で文化放送に就職。働きながら夜学独力で大学を出た苦労人。政党機関紙の記者を23年務めた後、住宅、金融等の著作、評論活動で独立。『日本経済新聞を120%読みこなす法』（10万部）、『マンガ版 生まれてはじめて株をやる人の本』（20万部）等で、ベストセラーを連発。最近はデイトレ対応、チャートの読み方、5分足チャート、仕手株本などを手がけ、ヒットを飛ばす。投資生活45年超、著作は400を超え、安定したファンがある。

X:@kabu100rule

85歳《さい》、現役《げんえき》・投資家《とうしか》のお金《かね》の哲学《てつがく》

2024年9月1日　初版第1刷発行

著　者　石井《いしい》 勝利《かつとし》

発行者　出井貴完

発行所　SBクリエイティブ株式会社
〒105-0001 東京都港区虎ノ門2-2-1

装　丁　菊池祐

本文デザイン　Isshiki

校　正　ペーパーハウス

DTP　株式会社RUHIA

編集担当　水早 將

印刷・製本　株式会社シナノパブリッシングプレス

本書をお読みになったご意見・ご感想を
下記URL、またはQRコードよりお寄せください。

https://isbn2.sbcr.jp/26679/

落丁本、乱丁本は小社営業部にてお取り替えいたします。定価はカバーに記載されております。本書の内容に関するご質問等は、小社学芸書籍編集部まで必ず書面にてご連絡いただきますようお願いいたします。

ISBN978-4-8156-2667-9